邮轮安全运营管理案例集

闫国东　叶欣梁　主编

内容提要

《邮轮安全运营管理案例集》是邮轮系列教材之一《邮轮安全与救生》教材的配套案例集。作为邮轮运营管理、邮轮经济专业课程的选用教材，本书主要包括案例篇和试题篇，案例篇聚焦梳理了邮轮安全管理、海上风险与海上保险、海上危机与应急处理、海上航行事故与海事预防、海上求生与海上救助、邮轮应急与消防、邮轮救生设备、邮轮卫生管理共八章的案例；试题篇聚焦了选择题、填空题、判断题、简答题、论述题共五类题目进行复习和扩展。

本书适用于高等院校和高职院校师生作为邮轮安全运营管理相关专业课程的案例教材或者教学参考用书，也适用于邮轮安全管理研究与实践的人员作为参考书。

图书在版编目(CIP)数据

邮轮安全运营管理案例集 / 闫国东，叶欣梁主编.
—上海：上海交通大学出版社，2021.10
ISBN 978-7-313-25413-9

Ⅰ.①邮… Ⅱ.①闫… ②叶… Ⅲ.①旅游船-运营管理-安全管理-案例-高等学校-教材 Ⅳ.①F590.7

中国版本图书馆 CIP 数据核字(2021)第 180650 号

邮轮安全运营管理案例集
YOULUN ANQUAN YUNYING GUANLI ANLIJI

主　　编：闫国东　叶欣梁
出版发行：上海交通大学出版社　　地　　址：上海市番禺路 951 号
邮政编码：200030　　电　　话：021-64071208
印　　刷：上海景条印刷有限公司　　经　　销：全国新华书店
开　　本：710mm×1000mm　1/16　　印　　张：9.25
字　　数：143 千字
版　　次：2021 年 10 月第 1 版　　印　　次：2021 年 10 月第 1 次印刷
书　　号：ISBN 978-7-313-25413-9
定　　价：59.00 元

编　委　会

前　言

全球邮轮市场规模持续扩张，市场重心东移的趋势明显，中国邮轮加快进入新时代。我国公众对于海洋休闲和度假旅游等旅游产品的市场需求快速增长，邮轮旅游出行规模也持续快速增长，成为我国旅游业中增长较快的部分。

2020 年新冠肺炎疫情在全球的蔓延，对旅游行业造成了极大冲击，邮轮业作为旅游细分行业同样也受到重创。受到新冠肺炎疫情的影响，邮轮旅游出行按下了暂停键。随着全球防疫工作的日趋完善，邮轮行业如何才能化“冰封期”为“机遇期”做好邮轮安全出行的万全准备已经成为邮轮业当下正在面临的重大问题。邮轮公司从登船前和船上筛查、新风循环到隔离设施、深度清洁和消毒等各个方面对邮轮的卫生防疫举措进行升级和完善，同时增加了对邮轮安全性的宣传，推出邮轮新型冠状病毒肺炎防控与应急效应白皮书、防控指南和手册等，还全面升级邮轮的安全健康方案，以及更大力度、更为灵活的疫后同游价格和预订政策等，助力邮轮在疫情过后恢复信心。

邮轮行业已经历了两百多年的历史，从 19 世纪的“泰坦尼克号”事件以来，邮轮业发生了不少安全事件，给我们带来了很多的教训和启示，都值得高度关注并进行深入研究，但是目前为止，我国还没有针对邮轮安全与救生、邮轮安全运营管理方面的教材和案例集，为此，本团队组织力量在出版《邮轮安全与救生》教材之后，汇集整理编写了《邮轮安全运营管理案例集》，主要收集网络上相关的报告和新闻检索，希望通过一个个鲜活的行业案例事件来开展回顾、分析、述评、展望，从而更好地为邮轮安全运营和管理提供参考和支撑。本书在试题篇还将一些邮轮安全运营管理相关的知识点进行了梳理汇编，以便更好地进行复习、巩固和拓展。

本书由上海工程技术大学闫国东、叶欣梁共同编写，特别感谢中国交通运输协会邮轮游艇分会常务副会长兼秘书长郑炜航作为本书的主审人一直以来给予的支持与帮助，感谢他对本书给予了很多宝贵的意见和指导；感谢编委会成员对本书编撰所付出的辛苦努力，感谢硕士研究生们为本书编撰所做的大量工作。最后，还要感谢上海交通大学出版社提文静老师为本书的顺利出版所倾注的心血。由于编者水平有限，难免有不妥和错误之处，恳请广大读者批评指正。

闫国东

2021 年 3 月

目　录

第一篇　案例篇

第二篇　试题篇

第一篇　案例篇

第一章　邮轮安全管理

第一节　邮轮安全管理

学习目标及要求

- **专业英语词汇**

  邮轮安全：cruise ship safety

  交通安全：transportation safety

  国际公约：international convention

- **学习目标**

  了解邮轮安全管理的概念、规章；了解邮轮海上交通安全公约和法规；掌握防止邮轮污染管理公约以及邮轮安全措施。

- **学习重点难点**

  了解邮轮安全管理规章；熟悉邮轮安全管理的公约和法规。

案例一　“海洋量子号”邮轮游客“霸船”事件

2015 年 8 月 23 日，从上海港出发，载有 4 600 多名游客的“海洋量子号”因台风“天鹅”影响，临时将航次原定停靠港口广岛、东京(横滨)、神户更改为韩国仁川、釜山。8月31日，在结束了9天的行程后，“海洋量子号”返回上海母港吴淞口国际邮轮码头，近300名游客拒绝下船，要求赔偿。据悉，在旅行途中，一些游客就通过网络结成了联盟，坚持“维权”到底。现场部分游客聚集在邮轮公共区域，展示了多张手书的“抗议书”“维权联名书”，写着“量子侵权，自改海航，霸王条款”等内容。尽管“海洋量子号”在开航前给出了补偿方案，包括相当于船票价格20%的未来航程抵用券，每间舱房225美元至800美元不等的现金返还，以及全程免费无线网络、额外的龙虾大餐等，霸船游客对此并不接受，他们联名发出了《致船长的公开信》。乘客吕女士是这样说的：“船上头两天就听到身边不停地有人抱怨，第二天开始就有人用大白字写的维权，大家集体签名，一下子就很多人，包括我也抗议，因为你改航线，就意味着并不是我们要去的地方，就像你去商店，我本来要买洗衣机，你非要卖给我一个电饭煲，这不是我想要的，感觉很不舒服，我们大家就签名一致抗议，就觉得应该有一个合理的说法。”

对此，“海洋量子号”所属的皇家加勒比国际邮轮公司给予的解释是，恶劣天气发生情况下，国际邮轮行业通行并为国际游客普遍接受的做法，是在保障游客安全和舒适的前提下，尽最大努力为游客寻求最佳替代行程，但对由此而造成的停靠港的替换和减少，邮轮公司没有赔偿义务。31日，游客提供的现场视频显示，对于不愿意下船的游客，皇家加勒比邮轮采取强行拖人。据媒体报道，2015年9月起，上海市推行《上海市邮轮旅游合同示范文本》，涉及“不可抗力”解释、风险分担原则等内容。但愿像“海洋量子号”这样的“霸船”事件不再发生。

（资料来源：舒珺.“量子号”邮轮游客“霸船”事件.http://www.china.com.cn/haiyang/2015-09/01/content_36466918.htm，2015-09-01）

问题思考：

1. 当前国内外针对邮轮“霸船”事件法律法规有哪些？
2. 结合案例谈一谈“霸船”事件产生的原因是什么。
3. 探讨预防以及解决“霸船”事件的有效路径。

案例二　嘉年华“梦幻号”邮轮发生严重安全事故

2018 年 12 月，嘉年华邮轮集团旗下的嘉年华“梦幻号”（Carnival Dream）在墨西哥湾航行中，一艘救生船从甲板上脱落，坠入海中。所幸的是，这次事故没有影响嘉年华“梦幻号”的航行路线。许多乘客拍下了受损救生艇的照片。

据当时一名乘客的描述：“大约下午两点，邮轮开始掉头，并立即减速，停了下来。我和大多数的乘客一样认为肯定是有人落水了，因为这种事情在邮轮旅行中经常发生，于是我们和其他许多乘客就在阳台和甲板的左舷位置开始向海上观望是否有任何的生命迹象。后来才知道是救生艇掉落，也算是虚惊一场。”

据另一位乘客的描述：“当时我听到第一个正式的乘客声明是这艘船因事故而停航，但所有乘客都安全，没有什么可担心的。邮轮慢慢靠近救生艇的时候，我看到救生艇的前后两面损坏得很明显，不过谢天谢地，这只是一个救生艇落水，落水的并不是人。”

“随后船队派了一艘新的救生艇及工作人员，驶向掉落海中的救生艇，随后工作人员发现这个掉落的救生艇受损严重，工作人员没有办法把它放回到原来的位置，在经过几次尝试后，依然没有成功。大约一个小时后，两艘船似乎都慢慢地向船尾驶去，船长和邮轮主管都在广播中宣布，将继续行驶。至于那艘破损的救生艇如何处理，我们并不知晓，但相信船长会妥善地安排好这些事宜。”一名乘客激动地说道。事故发生时“梦幻号”正从路易斯安那州的新奥尔良出发，进行为期 7 天的西加勒比海邮轮之旅。

（资料来源：嘉年华梦幻号邮轮发生严重安全事故.邮轮 News.2019-01-02）

问题思考：

1. 目前我国有哪些邮轮安全管理法规和规章？
2. 简述船员的职责有哪些。
3. 面对突发情况，如何安抚船上游客情绪？

案例三　海外邮轮连发命案

2018 年 11 月 14 日，一名52 岁的美国女子在加勒比海乘坐邮轮时坠落死亡，当局认为可能涉及谋杀。据 Diario 报道，当时这名妇女与一位男子相互纠缠在一起，男子勒紧女子的脖子。一番挣扎后，该女子从邮轮上层甲板外沿摔落，掉进一个救生艇中。据 MasNoticia.com 报道，当局正在调查这起事件，怀疑男子可能存在谋杀嫌疑。

11 月 15 日，公主邮轮公司在《今日美国》发表一份简短声明，证实一名 52 岁的美国女子于星期二早上在“皇家公主号”上死亡，当时该船正在前往阿鲁巴港。声明中还说，该死亡事件已经报告给当地机关，他们在船舶靠港后登船检查，目前还不知道死因。声明没有讨论事件的具体细节。

2018 年 11 月 7 日，一名 70 岁的美国妇女在荷美邮轮上意外死亡。现场人士回忆，这位老人当时正准备乘坐摆渡船上岸观光，不慎从邮轮平台上坠入水中。荷美邮轮公司在一份声明中表示，这名老人很快就被船员从水中拉出，但已经失去了意识，经船方医务人员抢救无效死亡。

在邮轮旅游时，使用摆渡艇或者小船将乘客从大型邮轮运到岸上观光是常见的行为。每年有数百万次的摆渡上下邮轮，船方也安排周全的保卫，几乎没有发生严重事故。

2015 年，“伊丽莎白女王号”的一名乘客在摆渡船上摔倒后死亡。2015 年 8 月 5 日在上海出发的“蓝宝石公主号”上发生了 7 岁儿童泳池溺水致残事件。后经司法鉴定为致残程度一级，完全护理依赖。2018 年 8 月，上海海事法院判决邮轮公司按 80% 的责任比例赔偿原告人身和精神损害共计 394.8 万元。

（资料来源：杨华. 海外邮轮连发命案，安全出行要牢记！闲话邮轮. 2018－11－16）

问题思考：

1. 谈一谈如果你失足落水，你会采取哪些措施。
2. 针对船上意外事件，船方如何进行赔偿？
3. 简述以游客为主体的邮轮安全管理的内容。

案例四　邮轮上蓄意闹事引发群殴

2018 年 2 月 16 日，一则令人毛骨悚然的视频出现在网上。视频中的斗殴现场充斥尖叫声，船上安保人员试图分开乘客。随后，嘉年华邮轮公司表示将对事件进行调查，并称乘船的“一个大家族”引发了暴力事件。一些游客声称，骚乱已发酵了数日，直到超过了警卫的掌控范围。据《华盛顿邮报》当地时间 2 月 17 日报道，这艘邮轮在 10 天的航程中，爆发群殴，几乎陷入“无政府状态”，船上警卫和乘客们赤手空拳地斗殴，一些乘客不得不将自己锁在客舱中，有的被赶下了船。

这艘可以容纳 2 000 多人的“嘉年华传奇号”邮轮上周从澳大利亚墨尔本市起航，开往新喀里多尼亚，但刚起航不久，船上就出现了矛盾。有乘客称，冲突的起源是有人踩了另一个人的拖鞋。踩拖鞋的乘客道了歉，但被踩的人威胁要进行报复，随后两群人就开始争执。其他人则表示，引起冲突的是一个约有 20 多人的大家族，他们故意挑衅，朝游泳池吐口水、在吸烟区大喊大叫或者莫名其妙地与其他乘客及船员打架。

而新华社援引美联社报道，“骚乱”持续近三天。“挑事”的是一个意大利家庭，几天来，“这一大家子”见到澳大利亚人就打，手段包括“锁喉”和“重拳”。名叫 Kellie Peterson 的乘客告诉媒体，这家人一上船就开始挑衅，他们不分对象，不分事由，甚至只因一个 16 岁男孩看了他们一眼就欺负他。冲突在海上持续了几天，直到当地时间周五凌晨在船上的夜总会发生了大规模争吵。

在一份官方声明中，嘉年华邮轮称，在“嘉年华传奇号”上确实发生过几起极度不守规矩的行为，一个大家族对另外乘客进行了身体上的攻击。冲突发生后，船上的游客十分恐慌。一名叫 Peterson 的乘客说，安保人员警告她、她的丈夫和三个孩子不要单独去甲板。另一名叫 Lisa Bolitho 的乘客则称，她和儿子只好把自己锁在客舱里。“乘客们都举报了多次，说孩子们吓坏了”，Lisa Bolitho 说道，但船长给我们的回复却是：“你们想要我做什么呢？把闹事者扔下船吗？”一名乘客拍下的视频显示，一名男子将另一名男子按在酒吧地板上，周围的人们尖叫着互相推搡。一名女性又压到了这两名男子，接着就有多名穿着黑上衣的警卫开始踢打地上的人们。

尽管有些乘客支持警卫的行动，但也有人抱怨警卫表现得也像暴徒，对乘客们挥舞着打碎的玻璃瓶以示威胁。嘉年华公司的发言人在声明中表示，视频里邮轮警卫的表现不符合嘉年华公司的价值和政策，正在进行全面调查，做出必要的改正。邮轮最终在墨尔本以东数百英里的伊登港靠岸。靠岸前，多名挑衅乘客被软禁在自己的客舱中，其他乘客则抱怨说，警卫们没收了一些手机，删除了记录暴力事件的视频。

16 日，澳大利亚警方在伊登港登船，将 23 人带下船。据澳媒报道，他们似乎都来自同一家族，有的是被勒令下船的，有的则自愿离开，没有人被当场指控，但嘉年华公司称正在配合当局调查。这些乘客下船时，其他乘客聚集在甲板上起哄拍手。17 日，嘉年华公司表示，邮轮已返回墨尔本。该公司并未在声明中详细描述事件，但为闹事乘客的行为表示诚挚道歉。作为补偿，其余的游客将得到优惠券，下次乘坐嘉年华邮轮时可以打 7.5 折。

（资料来源：董思韵.20 多人蓄意闹事引发群殴！一艘太平洋豪华邮轮竟变“恐怖邮轮”. https://web.shobserver.com/news/detail? id=80387, 2018-02-19）

问题思考：

1. 邮轮公司如何解决治安问题？
2. 游客无辜被困应当如何维护自身权益？
3. 简述邮轮安全管理的内容。

第二节　邮轮安全应急反应

学习目标及要求

- **专业英语词汇**

  应急部署：emergency arrangement

  应急反应：emergency response

  邮轮消防：cruise fire

  船舶弃船：ship abandon ship

- **学习目标**

了解邮轮安全应急的基本原则;掌握应急措施。

- **学习重点难点**

掌握邮轮安全应急部署和应急反应。

案例一　歌诗达"协和号"触礁事故

2012 年 1 月 13 日晚,意大利歌诗达邮轮公司的大型豪华邮轮"协和号"从意大利首都罗马附近的奇维塔韦基亚港启航,踏上了为期 7 天的环绕地中海的旅程。20 点左右,当"协和号"驶入意大利吉利奥岛附近海域时,不幸触礁搁浅。邮轮左侧船身被划出一道 70 多米长的裂痕,导致船体迅速渗水并开始出现倾斜。船长原本试图驾驶邮轮到附近的浅水区,以便放下救生艇疏散乘客,不过未能成功,船长不得已下令所有乘客和船员穿上救生衣弃船逃生。

事故发生后,意大利有关部门紧急出动直升机和船只展开救援,一些过往船只也参与到营救行动中,邮轮上约有 4 234 人,其中包括来自数十个国家和地区的 3 000 多名游客和 1 000 多名船员。4 229 名乘客和船员中的大部分人成功获救,32 人丧生于该事故。

意大利法庭于 2013 年 10 月 29 日开始对歌诗达"协和号"前船长斯凯蒂诺进行审讯。开庭时,26 岁的摩尔多瓦女子多米尼卡・切莫尔坦出庭作证,不但承认自己和斯凯蒂诺的情人关系,还透露事发当晚她受邀登船和船长共进晚餐。多米尼卡・切莫尔坦曾是摩尔多瓦女舞蹈演员,2011 年底入职歌诗达邮轮公司,并和已婚的斯凯蒂诺坠入情网。

英国广播公司称,斯凯蒂诺面临过失杀人和玩忽职守等多项重罪指控,一旦罪名成立将面临 20 年的铁窗生涯。目前,斯凯蒂诺虽承认存在过失,但其律师团队在努力为其争取减刑,并辩称沉船的部分原因是客轮的船用水密门存在机械故障,并未有效地抵挡船体进水。

2015 年 2 月 11 日,法庭以造成海洋事故,过失杀人和弃船的罪名判处前船长斯凯蒂诺。前船长斯凯蒂诺的处罚是 16 年的监狱生活和诉讼费用。

这一案件经过审理，认为该事故属于人为操作不当的范畴。

（资料来源：马赛."协和号"邮轮惨剧是人祸，不是天灾.http://news.ifeng.com/c/7fbIhsDmsq4，2012－01－19）

问题思考：

1. 船长决定弃船的时间是否合理？
2. 乘客可以通过哪些途径了解一艘邮轮的运营人员是否专业、所经过的水域是否安全？
3. 怎样才能更好地防治邮轮污染？
4. 该船的行为是否符合邮轮海上交通安全的公约和法规？

案例二　诺唯真"逍遥号"航行途中遭遇强烈风暴

2018年1月2日，搭载4 000名乘客的挪威邮轮诺唯真"逍遥号"在航行途中遭遇强烈风暴。这艘邮轮于1月2日从加勒比海域结束旅程后，返回美国纽约。"逍遥号"邮轮闯进了近日形成的"炸弹气旋"风暴中，风暴圈内一片惊涛骇浪，风雨交加。很多乘客用手机记录下这一惊险场面，让他们更崩溃的是，船舱各处开始进水，电梯、客房、过道到处是水。2018年1月2－4日，逍遥号在"炸弹气旋"内航行了两个晚上，这两晚可能是4000名乘客这辈子最漫长的夜晚。邮轮因为巨大海浪大幅晃动，有乘客用手机上的水平仪测试，发现船体最多时竟然倾斜了有6度之多。

许多乘客因为船舱进水只好跑到地势高一些的邮轮上层走廊过夜。根据乘客事后回忆，当时大厅、过道内挤满了人，很多人因为邮轮摆幅太大呕吐不止，到处都是呕吐物，还有被砸碎的门窗玻璃。

很多客舱内的物品从架子上掉了下来，天花板上不断在渗水，很多乘客都害怕这艘邮轮会不会出现什么"致命事故"。总之现场是一片狼藉，很多家庭只能紧紧围在一起，现场哭泣声、叫喊声不断。好在经过2天的航行后，1月4日邮轮顺利穿过了"炸弹气旋"，抵达纽约港。不过一些游客认为邮轮公司对造成这样的情况应当负责，至少在安抚乘客方面没有做到位。随后"逍遥号"所属诺唯真邮轮公司发表了一则声明：对乘客的遭遇表示道歉，不过他们把责任主要都归咎于恶劣天气上。

（资料来源：刘茹霞.纽约严寒，豪华邮轮遭遇风暴4000人死里逃生.http://world.people.com.cn/n1/2018/0107/c1002-29749786.html，2018-01-07）

问题思考：

1. 对于遭遇强烈风暴等海事时，应采取哪些措施来最大限度减少损失？
2. 理解船舶自救。
3. 简述船舶自救原则。

案例三　邮轮火灾失动力后船长果断救全船

2015年11月18日，一艘名为"Le Boréal号"的法国籍邮轮周三航行于南大西洋福克兰群岛的附近海域时机舱发生大规模火灾。当时该轮正处于开往南乔治亚岛的航程途中，船上的船员和乘客共计347人。根据英国国防部近日发布的消息，邮轮火灾引发了在恶劣天气中的一次复杂而且危险的大规模搜救行动。当时邮轮也有搁浅的严重危险，在某个时间段该轮离陆地的距离甚至还不到3海里。

英国国防部在声明中表示："据报告该邮轮的机舱发生了大规模火情，导致船舶失去动力而漂航。西北大风使船舶有搁浅于福克兰群岛东部的Dolphin角的巨大风险。"

英国国防部透露，在船长下令弃船后，该部门派出驻扎在福克兰群岛的英国军队提供了支援，包括4艘直升机和1艘巡逻船在内的救助队伍前往现场参与了该援救行动。经确认，"Le Boréal号"邮轮上的所有乘客和船员均已被疏散至福克兰群岛并且获得了良好的照料，而邮轮本身则是在2艘拖轮的帮助下靠泊于福克兰群岛以便进行受损情况的详细评估。

据悉，142米长的"Le Boréal号"邮轮额定载客量264人，由法国庞洛(Ponant)邮轮公司经营。事发当时，该邮轮正在进行从阿根廷Ushuaia出发的为期15天的南极往返观光航程。目前该航次的剩余航程已经被取消。该邮轮后来由中远航运公司的半潜船"康盛口"运往位于意大利热那亚的

Fincantieri 船厂进行维修。庞洛邮轮发布声明表示，邮轮计划在 5 月晚些时候从英国格拉斯哥开航。据悉，“Le Boréal 号”邮轮在 Fincantieri 船厂期间，除了进行火灾造成损坏的相关维修之外，还进行了一些船舶改造升级。

（资料来源：储静伟.赴南极豪华邮轮在南大西洋起火 百余中国乘客获救.http://news.sohu.com/20151120/n427324060.shtml，2015－11－20）

问题思考：

1. 简述邮轮消防规则。
2. 邮轮火灾的防火灭火有哪些要领？
3. 船员与乘客在邮轮发生火灾时，各自的抢救措施是什么？

案例四 邮轮在巴拿马沿岸抛锚期间发生搁浅事故

2015 年 12 月 22 日，风星邮轮（Windstar Cruises）旗下的一艘能搭载 212 名乘客的“Star Pride 号”邮轮在巴拿马的一处海岸搁浅。根据该邮轮公司发布的消息，邮轮上所有的乘客和船员均没有在该事故中受伤，但是由于邮轮船壳出现一定程度的受损，邮轮的剩余航程已被取消；此外，该公司也取消了该轮计划于 12 月 26 日由 Puerto Caldera 开往 Colon 的航次。

据悉，搁浅事故发生于 22 日上午 6 点，当时邮轮正锚泊于巴拿马西海岸的偏远岛屿——Isla de Coiba 岛的附近水域。在乘客离船到岛上进行游览活动期间，船上的技术人员发现邮轮的船壳受损，在经过检查后他们宣布称船舶已不适合航行。后来，刚好位于附近的“Star Pride 号”的姊妹船“Star Breeze 号”和保罗高更邮轮公司（Paul Gauguin Cruises）的“Tere Moana 号”赶往现场提供援助，将受困乘客转移至陆地上。133 米长的“Star Pride 号”邮轮建造于 1988 年，挂巴哈马旗。该邮轮之后被拖往巴拿马的 Balboa 以接受进一步的检查和维修。

（资料来源：航海人海事资讯.旅途意外：一邮轮在巴拿马沿岸抛锚期间发生搁浅事故.航海人，2015－12－24）

问题思考：

1. 邮轮发生搁浅事故时，船员应如何负责保护和照顾旅客？
2. 简述船舶自救行动内容。
3. 如何避免搁浅？

第二章　海上风险与海上保险

第一节　海上风险

学习目标及要求

- **专业英语词汇**

  海上风险:perils of the sea　　一般海上风险:general maritime risk

  外来风险:external risk

- **学习目标**

  主要了解海上风险的定义和分类。

- **学习重点难点**

  掌握海上保险的种类。

案例一　飓风"迈克尔"登陆致海上邮轮抵达时间延迟

据英国《每日邮报》2018 年 10 月 9 日报道,近日,飓风"迈克尔"已抵达墨西哥湾海域,于 10 月 10 日登陆美国佛罗里达州及得克萨斯州。

据悉,10 月 8 日,皇家加勒比海"皇后号"邮轮上的乘客拍摄到了飓风"迈克尔"来袭时的惊人破坏性场面。受风暴影响,邮轮经历了剧烈摇晃,同时还遭遇闪电、狂风以及剧烈翻滚的海水侵蚀，邮轮抵达古巴哈瓦那的时间大大延迟。

10 月 9 日，飓风“迈克尔”在向佛罗里达海岸前进时风力明显加强，形成了 2 级飓风，速度每小时可达 177 公里。目前，飓风已到达墨西哥湾海域，预计在穿越佐治亚州以及南卡罗来纳州前风力将有所减弱，并可能将于 10 月 10 日登陆美国佛罗里达州潘瀚多以及得克萨斯州西部大本德地区。

美国国家飓风中心已发出预警，此次飓风带来的风暴潮以及强降水有可能危及生命安全。佛罗里达州州长称，“迈克尔”将有可能给美国南部各州造成破坏性影响。同时，美国总统特朗普向公众表示，“我们已经做好了应对飓风的准备，联邦应急管理局也做好了充分的应对措施。”

（资料来源：陶佳琪. 飓风“迈克尔”10 日登陆美国 海上邮轮剧烈摇晃. https://baijiahao. baidu. com/s? id = 1614008631279608860&wfr = spider&for=pc）

思考问题：

1. 从应对飓风的角度思考，邮轮在海上航行中还可以做哪些特别的准备。
2. 邮轮在海上航行过程中，在遭遇极端天气的时候，需要与哪些岸上部门做好沟通协调？
3. 海上邮轮在遭遇飓风的时候，邮轮上的乘客需要做好哪些防范和应对准备？

案例二　剧烈爆炸致贝鲁特港口一艘邮轮受损沉没

当地时间 2020 年 8 月 4 日傍晚爆炸发生时，一艘名为“东方女王号”的邮轮正停靠在贝鲁特港。爆炸中，这艘邮轮受到冲击。据多家媒体援引邮轮所属者“阿布·姆尔希邮轮公司”负责人的话报道说，这艘邮轮在爆炸中受损严重，并最终于当地时间 5 日下午在港口沉没。爆炸中，两名船员不幸遇难，此外船上还有七人受伤。邮轮公司老板说：“非常不幸的是，停靠在贝鲁特港的‘东方女王号’在爆炸中严重受损，几经挣扎，终于在贝鲁特港沉没。”

（资料来源：张倩楠. 剧烈爆炸致贝鲁特港口一艘邮轮受损沉没，两名船员死亡. http://news.cri.cn/toutiaopic/58fdeac1-ad22-2abf-f98a-680986f75a7b.html）

思考问题：

1.“东方女王号”邮轮在爆炸中受损，属于海上风险中的哪类？

2.试分析“东方女王号”邮轮公司在后续的船只打捞工作中，有哪些需要特别注意的事项。

3.邮轮在海上航行过程中，在航行目的地选择方面要注意些什么？

案例三　豪华邮轮取名“逃亡号”美国人用它躲避飓风

现在很多美国人谈飓风色变，从超强飓风“哈维”到“厄玛”，还有超级危险飓风“何塞”和“凯蒂亚”，接连的飓风让美国人喘不过气来，但也有一些美国人很早就为自己做好了打算，他们在飓风来袭之前就登上一艘豪华邮轮，更有意思的是，这艘邮轮的名字居然叫“逃亡号”（ESCAPE）。

《今日美国》《纽约邮报》等多家媒体于2018年9月10日报道，有4 000多名美国乘客提前乘坐“逃亡号”逃离家园，躲避飓风，“逃亡号”是挪威一艘超级豪华的邮轮，这里有供应充足的酒水和食物，里面的配套设施完善，装修豪华，还有很多娱乐项目可以选择，配有滑水滑梯，放松的水疗和戏剧表演，里面有多种口味的餐厅，可以无限制地享用美食和酒水。报道称，因为飓风的威力依旧很大，邮轮“逃亡号”允许来自迈阿密的乘客因为暂时无法回家而停留在这里，直到飓风不再对他们造成威胁。

邮轮的发言人Vanessa Picariello说，他们此前计划9月12日返回迈阿密，但现在还需要看情况，因为不敢确定到时迈阿密的港口是否能重新开放。其实邮轮也不知要去往哪里，但总之会选择一个安全的地方，并且避开飓风的路径。也就是说，最近一段时间，邮轮“逃亡号”将一直在大海里待着，不过乘客们丝毫没有抱怨，大家都觉得这里很安全，也很享受。总之，他们会竭尽全力让每一位乘客感到满意，同时也在寻找港口停泊，他说，这次特殊的旅行，大家都会感到格外开心。

（资料来源：海岸邮轮网.豪华邮轮取名“逃亡号” 美国人用它躲避飓风、享受生活. https://www.sohu.com/a/243650213_621569）

思考问题：

1. 从“逃亡号”邮轮躲避飓风角度思考，海上风险的规避还可以有哪些其他选择。
2. 试分析“逃亡号”邮轮在躲避飓风安排中还有哪些可以进一步完善优化。
3. 邮轮在海上航行过程中，还有哪些风险需要特别注意？

案例四　名为邮轮旅游实则偷渡出境获刑

随着生活水平的提高，出境游已深入人们日常生活。特别是乘坐邮轮出境旅行的游客，还可享受免签上陆许可等便捷，颇受人们欢迎。但在邮轮经济快速发展的同时，伴随而来的犯罪问题也不容忽视。2016 年以来，上海市宝山区检察院共办理利用邮轮偷渡案件 8 起，涉及偷渡人员 13 人。

石某某在山东省泰安市宁阳县开了一家人力资源有限公司，在网上发布代办出国劳务等信息，对外开展劳务中介业务。实际上，他的主业是帮别人办签证，也帮想出国打“黑工”的人进行“包装”。为了给不合条件的人开具虚假证明，他还专门注册成立了一家阀门有限公司。孙某某、张某甲是石某某在网上结识的二级代理，他通过他们在山东、河南等地进行人员招募，并组织这些人以邮轮旅游的名义出境后再伺机脱团、滞留当地打工。石某某以每人 3 万元到 3 万 5 千元的价格向二级代理收费，而二级代理则根据市场行情向偷渡人员收取 4 万元到 5 万元不等的费用，赚取差价。

2016 年 8 月，孙某某招募到想出国打工的苏某某、李某某，交由石某某操办赴日本打工事宜。收到两人身份证、护照、照片等材料后，石某某通过旅游网站为他们预订了 10 月 15 日从上海出发至日本的“幸运号”邮轮之旅，以阀门有限公司名义制作了虚假的在职证明、担保函，并在网上找人伪造了车辆行驶证、银行存单等证明材料。10 月 13 日，苏某某、李某某来到宁阳县石某某处，接受培训。同时接受培训的还有张某乙，他花了 1 万 8 千元钱，直接在石某某处办理出国事项。石某某把行程给三人介绍了一遍，告之到日本后会有人来接应并为他们安排工作。他嘱咐他们背熟材料上的内容，换上新的西装和拉杆箱，要求他们在邮轮上适当消费，以便能更像是外出旅游的样子。10月15日在三人即将出发之际，石某某与孙某某突然得知苏某某曾有过去韩国济州岛被拒绝入境的情况，而此次"幸运号"邮轮行程中会在韩国停靠，于是提出下次再找机会安排其出境。15日李某某和张某乙顺利登船，后成功脱团并滞留日本，苏某某则返回了山东。

随后，石某某故技重施，为苏某某安排了12月19日上海至日本的"海洋量子号"邮轮旅游团。此次，与苏某某同行的是由张某甲招募来的河南人马某某。怀揣着去日本淘金的梦想，在付给张某甲4万7千元后，马某某就等着出国打工。然而这一次，在码头准备登船时两人就被浦江出入境边防检查站的民警给截获了。石某某、孙某某先后于2016年12月20日、22日在山东老家被民警抓获，张某甲则于2017年3月13日主动至公安机关投案自首。而侥幸离境的李某某和张某乙也于2016年12月被日本警方查获并被遣返回国。

石某某、孙某某、张某甲相互结伙，组织他人偷越国境，其行为均已触犯《刑法》。该案经宝山区检察院提起公诉，宝山区法院以组织他人偷越国境罪，判处石某某有期徒刑二年六个月，并处罚金一万元；判处孙某某有期徒刑二年，缓刑二年，并处罚金五千元；判处张某甲有期徒刑六个月，并处罚金二千元。

（资料来源：好猎头网.名为邮轮旅游实则偷渡出境，三人组织他人偷渡获刑.http://www.haolietou.com/n_48030）

思考问题：

1. 从法律衡量组织偷渡的角度思考，邮轮领域相关法律还可以做哪些优化和完善。
2. 试分析利用邮轮偷渡出境会带来哪些负面影响。
3. 从邮轮风险角度思考，如何规避和有效降低利用邮轮开展偷渡出境活动？

第二节　海上保险

学习目标及要求

- **专业英语词汇**

  海上保险：marine insurance　　推定全损：presumed total loss

  实际全损：actual total loss　　单独海损：separate average

  共同海损：general average

- **学习目标**

  了解海上保险的种类、发展和海上损失的分类。

- **学习重点难点**

  掌握海上保险的种类、海上损失的分类。

案例一　三菱船厂"钻石公主号"邮轮火灾损失惨重

2002 年 10 月 1 日，日本三菱重工业长崎造船厂发生火灾，即将完工的世界最大规模豪华邮轮"钻石公主号"的船体被烧毁 70%。"钻石公主号"总吨位为 11.3 吨，全长 290 米，宽 37.5 米，高 62 米。可容纳 3 100 人。该邮轮于 2000 年 2 月 15 日正式签订建造合同，2002 年 7 月下水并着手进行码头舾装。按原定计划，该邮轮将于 2003 年 7 月交付使用。发生火灾前正在码头进行内部舾装。

火灾发生在 1 日下午 6 时左右。"钻石公主号"5 层甲板首先起火，由于船内未配置消防设备，火势迅速蔓延。船内的近千名工人迅速撤出，无人受伤。消防部门出动 40 台消防车和 2 艘消防艇前往扑救，但由于船体构造复杂，且船舱内充满浓烟，消防工作难以展开。火灾一直持续了 36 个小时，直到 10 月 3 日早晨 5:45 左右才被完全扑灭，70%的船体已被烧损。据有关方面估计，这场火灾造成的直接经济损失高达 2.5 亿美元以上，是造船行业有史以来遭受经济损失最严重的一次事故。虽然船舶本身的损失由保险商赔付，但交船严重脱期仍然给长崎船厂造成了相当巨大的损失。

火灾是因为焊工在焊接管子时粗心大意，烤热了天花板上的钢板，导致上一层舱室中的舱具起火而引发的。大火发生之前，实际上已经出现过好几次小的火情。由于麻痹大意，这样严重的事故隐患没有引起船厂管理部门的足够重视。船厂管理部门既没有加强相关的防火安全管理，也没有采取必要的防范措施，听之任之，最终酿成不可挽回的重大损失。一是险些把价值约 400 亿日元的邮轮化为乌有；二是火灾的消息使三菱重工业公司的股价在东京股市下滑了 5.6 个百分点；三是使该邮轮于 2003 年 6 月在美国西雅图至阿拉斯加的游览线上航行的计划成为泡影。

（资料来源：人民网—京华时报.日本三菱造船厂发生火灾，一豪华客轮船体烧毁七成.http://news.sohu.com/46/83/news203508346.shtml；随便研究.2008 年，“钻石公主号”在中国的紧急时刻.https://www.bilibili.com/read/cv4713978/）

思考问题：

1. 试分析三菱船厂在此次火灾中应该承担的保险责任有哪些。
2. 从哪些方面来区别保险责任主体？
3. 与其他财产损失保险相比，海上保险所独具的特点有哪些？

案例二　邮轮乘客海上“漂”了 5 天

2018 年 7 月 5 日，“喜悦号”邮轮在明知有台风的情况下仍坚持出港，游客因此在海上漂流 5 天，因此遭遇投诉。这艘诺唯真“喜悦号”邮轮原计划于 7 月 1 日下午 4 点从上海吴淞口国际邮轮港出发，前往日本佐世保市开展 5 天4 晚的行程，其间会在日本佐世保市有一天上岸游玩时间，船上载客约 7 000人，之后却推迟至次日凌晨 4 点出港。

游客称，邮轮出发前只告知游客因天气原因推迟了出发时间，并未提到具体是因台风推迟，也未提出会变更航线。而在出发后不久，7 月 2 日中午，船上乘客收到通知称由于台风原因，将靠港目的地改为日本的鹿儿岛，但因海上风浪太大引航员上不来，两次登岛都没能成功。

船方因此再度发出航线变更通知，将登岛全部取消，也就意味着剩下

4 天时间都只能在海上巡游。不少游客对此表示不满,认为白白在海上漂了 5 天,天气不好还引发各种身体不适,花了钱还买罪受……因此,游客认为,出发前邮轮方就应该了解到台风路径,邮轮方或旅行方应询问游客,让游客选择是否取消本次游玩或改签。也有游客质疑,没有登岛,那船的靠泊、登岛、大巴等没有发生的费用,是否应该退还给乘客。而“喜悦号”所属的诺唯真公司则表示,邮轮出港时并未受到台风影响,此后也尝试两次靠港,但最终失败,考虑到游客安全原因,才取消了靠港。同时表示,台风属于不可抗力,因此而导致行程受到影响的游客,可以通过实现购买的保险获得相应的保险赔付。

根据《上海市邮轮旅游经营规范》第十六条的规定,在遇到不肯抗力的情况下,邮轮船长有独立决定权,可以决定变更航线或者停止航行。邮轮公司、船员、邮轮码头、旅行社、旅游者均无权干涉,并应予配合。根据《上海市邮轮旅游经营规范》第十七条规定,在邮轮旅游行程开始前,因不可抗力等原因导致邮轮延误、不能靠港、变更停靠港等情况的,邮轮公司、旅行社和邮轮码头应第一时间向旅游者告知不可抗力的具体情形、邮轮航线变更情况、解决方案等内容。有专家认为,如果邮轮方和旅行社没能第一时间向游客告知实际情况,导致游客产生不满,邮轮方的这一做法也是有待商榷的,但这个“第一时间”的判定也很难。

(资料来源:徐晓阳.台风来袭仍出行,上海一邮轮载 4 700 名乘客海上“漂”了 5 天. https://www.thepaper.cn/newsDetail_forward_2286003. 2018-07-23)

问题思考:

1. 简述海上风险及海上保险的分类。
2. 简要说明海上风险与海上保险二者之间的关系。
3. 游客如何维护自身权益?

案例三　日本“钻石公主号”巨额赔偿 464 亿元

日本厚生劳动省于 2020 年 2 月 12 日宣布,“钻石公主号”邮轮上新确诊

39 人感染新型冠状病毒肺炎，船上累计 174 人被确诊，此外还确诊 1 名检疫官感染。公主邮轮公司针对本航次乘客给出了赔偿结果。公主邮轮表示，受新冠肺炎影响而在日本横滨港无法下船的乘客，将获得全额退款，包括船票、机票、酒店住宿、地面交通、预付岸上观光费、本航程服务费和其他相关费用。

在隔离期间，宾客无须支付任何附加费用。此外，该航次所有宾客将获得与本次所购船票等额的未来航次预定抵用金。这意味着乘客可以在疫情结束后自行选择航线与目的地，再乘坐一个航次。在将全部服务费退还给旅客的同时，公主邮轮对船上的工作人员也有相应的保障，表示船员工作中应得的服务费由公司另行支付。公主邮轮方面表示，全球团队正在不分昼夜地为船上的乘客与船员们提供最大程度的帮助和服务，"艰难时刻，我们与乘客同心，与船员同在！"

日本"钻石公主号"邮轮造价约 5 亿美元(约合人民币 35 亿元)，作为全球十五大最豪华邮轮之一，在世界享有很高的知名度。"钻石公主号"负责的旅途最长为 24 天 23 晚，最短为 4 天 3 晚。若以 24 天费用 1 000～5 000 元/天，乘客 2 670 人满员计算，"钻石公主号"每趟旅程能够为嘉年华邮轮公司赚取的收入为 6 400 万～3.2 亿元。然而这一切收入随着疫情的暴发都化为乌有，屋漏偏逢连夜雨，糟糕的是，后续的航次被相继取消，损失还在不断增加中。据相关人士透露，"钻石公主号"由公主邮轮公司运营，该公司隶属于嘉年华邮轮公司。通过公开资料显示，嘉年华邮轮股份自 1 月 21 日开始下跌，至 2 月 7 日，嘉年华邮轮公司累计蒸发市值 66.35 亿美元，折合人民币 464 亿元。日本"钻石公主号"的老板最后可能会面临公司倒闭的危险。

(资料来源：邮轮一点通."钻石公主号"邮轮赔偿方案出台了. https://www.sohu.com/a/372663810_120178814；案件老闻.日本"钻石公主号"老板默默哭泣，巨额赔偿 464 亿还没完. https://www.sohu.com/a/373188678_334936)

思考问题：

1. 试分析"钻石公主号"邮轮赔偿的 464 亿元涉及了哪些保险承保内容。
2. 试分析，从"钻石公主号"船东的角度，除去保险覆盖的所有损失外，如营运收入等部分的损失，能否有可能得到保险人的补偿？

3.“钻石公主号”邮轮赔偿中，涉及的船员保险赔偿有哪些？

案例四　37 只集装箱落江致邮轮延误　保险公司代位求偿千万

2017 年 5 月，上海吴淞口水域 37 只集装箱落江导致航道封闭，“海洋量子号”和“赛琳娜号”等大型邮轮被延误多时。保险公司赔付旅客近千万元损失后，向事故责任船舶的所有人、经营人等提起代位求偿。上海海事法院对这起海事海商纠纷做出一审判决，驳回了原告保险公司的全部诉请。该案判决后，各方当事人均未上诉。

37 只集装箱落江致航道封闭

2017 年 5 月 10 日约 21 时 33 分，“顺港 19”轮完成装货作业后，行驶至 A60 灯浮附近水域发生集装箱落江事故，37 只集装箱落入江中，构成一般等级水上交通事故。该水域平时来往船舶众多，通航情况复杂。

因落江集装箱随潮水作用漂散，威胁吴淞口、长江口深水航道延伸段等水域船舶航行安全，吴淞水上交通管控中心（VTS）实施了不同程度的临时交通管制，“海洋量子号”邮轮和“赛琳娜号”邮轮分别被延误约 16 和 14 个小时才得以靠泊邮轮码头，由此影响了四个航程旅客的正常出行。保险公司向承保的 1 万多名旅客赔付了抵港延误、行程缩短、登船延误等损失后，将“顺港 19”轮的实际所有人、登记所有人、期租人诉至上海海事法院，要求四被告连带赔偿原告保险公司的经济损失 980 多万元。

庭审激烈交锋唇枪舌剑

法庭上，原告和四被告围绕“原告是否取得代位求偿权”“集装箱落江与邮轮延误造成的旅客损失之间是否存在法律上的因果关系”“诉请损失是否属于侵权责任保护的民事权益”这三大争议焦点展开激烈的辩论。原告诉称，根据吴淞海事局认定的事实，四被告均系涉案事故的责任主体，因原告保险公司已向被保险人赔付相关费用而依法取得代位求偿权。被告期租人及涉案集装箱的承运人上海某航运公司辩称，赔偿系按照保单的约定金额赔付，不属于代位求偿的对象；本案集装箱落江事故对航程延误不构成侵权，交通主管部门航道封闭行为才是航程延误的直接原因。被告“顺港 19”轮的实际所有人、登记所有人共同辩称，保险公司没有提供证据证明实际损失的发生和有效赔偿，也无权对相关侵权损失提起代位求偿。被告期租人安徽某航运公司辩称，涉案保险合同属于人身保险合同，原告保险公司无权进行代位求偿；按照侵权行为有关构成要件旅客与其之间不存在侵权法律关系。

法院驳回原告保险公司全部诉请

法院经审理后认为，涉案保单的名称虽为旅行人身意外伤害保险单，但该保单附加了个人旅行不便保险，并在保单中特别约定了支付的保险金，这些特别约定的内容虽与旅客人身有一定的依附属性，但更具有财产保险的性质，原告保险公司依法可以行使代位求偿权。法院同时认为，集装箱落江并不直接或必然导致邮轮延误，吴淞海事局发布临时交通管制的航行警告，才是涉案邮轮延误的直接原因。集装箱落江事故只是间接导致邮轮延误，进而间接延误邮轮旅客的行程，侵权行为与损害结果之间并非存在直接因果关系。此外，就原告保险公司主张的旅客额外支出的交通费、住宿费等损失以及因行程缩短带来旅游费用变相损失，属于纯粹经济损失，若非法律明文规定，不应认定为侵权责任法所保护的财产权益。据此，法院驳回了原告的全部诉请。

纯粹经济损失的填补须法律明文规定

上海海事法院海商庭庭长、本案承办法官谢振衔认为，原告赔付的保险金中，有相当大部分是根据保单约定以及依据经验按照最高限额进行的理赔，该部分损失不能等同于旅客的实际损失。其次涉案旅客的损失，不是因为旅客的有形财产或人身遭受损害而产生的直接或间接损失，而是由于邮轮延误等原因造成的非财产或人身损害，这种由于公共运输通道或公用设施的关闭而造成非财产和人身的损害，是国际上普遍认可的一种典型的纯粹经济损失。对于纯粹经济损失的赔偿，除非法律有特别规定，通常不予保护。本案的邮轮综合保险，正是邮轮公司及旅客对此类事故及损失的最佳救济手段。保险公司推出该新型保险产品是一种非常积极有益的尝试，值得充分肯定。保险就是对被保险人涉案旅客因保险事故无法得到救济的一种社会经济保障。

（资料来源：霍慧娴. 37 只集装箱落江致邮轮延误　保险公司代位求偿千万. https://baijiahao.baidu.com/s? id＝1650533931236441774&wfr＝spider&for＝pc）

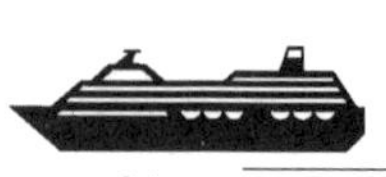

思考问题：

1. 试分析法院驳回原告保险公司全部诉请的原因有哪些。
2. 从保险公司的角度分析下，如何更好地完善该型保险产品？
3. 你认为，对于纯粹经济损失的赔偿，还可以设立哪些法律和规定来进一步完善？

第三章　海上危机与应急处理

第一节　海上危机

学习目标及要求

- **专业英语词汇**

  海上危机：maritime crisis　应变须知：emergency instructions

- **学习目标**

  了解海上危机的概念、特征、种类及构成要素；了解海上危机的现状；了解海上危机管理系统的组成；了解海上危机管理预案与准备；了解海上危机处置与资源管理。

- **学习重点难点**

  掌握海上危机的含义、特征及构成要素，了解海上危机的种类和海上危机的现状及应急处理的方法。

案例一　载 2 000 人邮轮遭 8 米高巨浪撞击

中国日报网消息：据美国媒体报道，希腊海警发表声明称，载有近 2 000 人的塞浦路斯“路易斯帝王号”邮轮 2010 年 3 月 3 日在地中海遭到 8 米高巨浪的冲击,邮轮的挡风玻璃被撞碎,造成 2 名乘客死亡,另有 6 人受轻伤。

据西班牙媒体和官方消息,遇难者是 1 名德国人和 1 名意大利人。伤者中有一位 62 岁的老妇人两条腿骨折。这艘邮轮已经求得有关部门的同意,3 日晚上 9 点后在西班牙巴塞罗那的一个港口停靠。巴塞罗那方面已经安排 4 辆救护车在岸上等候,待邮轮停靠港口后立刻把死者和伤者送往医院。3 日晚些时候,有关部门要求所有电视工作者离开码头,乘客似乎没有获准离开这艘邮轮。目前尚不清楚这起事故发生的具体地点。希腊海警表示,事故发生地靠近法国的马赛港口。法国和西班牙的媒体报道说,事故发生在巴塞罗那东北部 128 公里处的西班牙海域。

负责经营该船的路易斯邮轮公司的发言人表示,这艘船当时 3 次遭到 8 米高的巨浪冲击,邮轮前面的挡风玻璃被撞碎。这艘轮船上当时有 1 350 名乘客和 580 名船员,原计划前往意大利的热那亚。

(资料来源:小唐.载 2000 人邮轮遭 8 米高巨浪撞击　2 人死亡 6 人伤. https://news.qq.com/a/20100304/001631.htm? pc)

思考问题:

1. 在邮轮遭受巨浪冲击过程中,设想一下还可以采取哪些方式。
2. 邮轮在遭受巨浪冲击后,采取了哪些方式进行应对?
3. 为提高邮轮应对突发灾害天气的能力,邮轮公司还可以进行哪些优化和完善?

案例二　诺唯真邮轮融资 22.3 亿美元应对疫情危机

当地时间 2020 年 5 月 7 日,诺唯真邮轮称其已融资 22.3 亿美元,提高了资金流动性,足以应对新冠肺炎危机带来的影响。此次融资交易包括债务和股权。诺唯真正准备公开发行 4 亿美元的普通股,并从私募股权公司 L Catterton获得 4 亿美元的私人投资,其还将获得 7.5 亿美元的可转换高级证券和 6.75 亿美元的高级担保债券。诺唯真表示此次融资将公司总体资金流动性提高到约 35 亿美元。

诺唯真在声明中表示:“融资显著增强了公司的财务状况和资金流动

性，公司现在有能力在不利情况下承受 12 个月以上的停航。”尽管其预计邮轮不会停航 12 个月，但考虑到新冠肺炎全球大流行充满不确定性，而且持续时间未知，诺唯真已采取迅速主动的方法来保护其未来业务。此前，在未采取提高资金流动性的措施时，诺唯真对其持续经营的能力表示严重怀疑。如今，其表示新的融资缓解了管理层对于企业未来 12 个月运营能力的担忧。

诺唯真也采取了其他提高资金流动性的方式，4 月末，其宣布与信用调查机构和放款人达成的 12 个月债务减免计划。在 2021 年到期的 5.14 亿美元债务偿还中，由出口信用保险机构（ECA）裕利安怡信用保险公司（Euler Hermes）提供资金支持的 3.85 亿美元已推迟至 2021 年 4 月。诺唯真还表示正与其他 ECA 债权人进行将剩余 1.55 亿美元推迟至 2021 年 3 月 31 日的程序，其还可以选择将“美国之傲”号 2.3 亿美元的定期贷款延长一年。此外，诺唯真还减少 5.15 亿美元的资本支出，其中 3.45 亿美元是 2020 年非新建资本支出的近 70%。诺唯真 2020 年上半年也会显著减少或推迟营销支出，并临时缩短工作周，岸上员工的工资也将削减 20%。

（资料来源：品橙旅游.诺唯真邮轮融资 22.3 亿美元应对疫情危机. http://www.pinchain.com/article/219710）

思考问题：

1. 在诺唯真邮轮应对疫情危机的方式中，设想一下还可以采取哪些方式。
2. 诺唯真邮轮本次开展的融资方案对于企业的生存能够起到多大的作用？
3. 为提高邮轮公司的资金流动性采取的融资方案中，还有哪些注意事项？

案例三　美国邮轮暴发诺如病毒　数百名乘客离船

曾在中国运营近两年之久的美国诺唯真“喜悦号”邮轮遇上了“麻烦”。2019 年 11 月 25 日，据《人民日报》海外版报道，诺唯真“喜悦号”邮轮在航行中暴发诺如病毒。据悉，该邮轮从佛罗里达州出发，在经过 16 天的航行之后抵达洛杉矶港，数百名乘客在邮轮入港之后纷纷离船。截至《北京商报》记者发稿前，该邮轮公司官方尚未对此事件正式回应。

据外媒报道，在洛杉矶消防局医护人员的指挥疏散下，寻求医疗救助的乘客已接受检查和救治。其中,部分患病乘客在下船后已经被隔离。有邮轮乘客甚至在社交媒体上表示,希望尽快离开诺唯真“喜悦号”。该乘客表示,“我们的邮轮在过去几天内暴发了诺如病毒,但我们都没有想到疫情如此严重。”同时,洛杉矶消防局同时还发布官方声明表示,工作人员会继续对数名患者进行检查,但并没有人出现生命危险。

资料显示,诺唯真“喜悦号”建造于 2017 年,共可搭载 3 804 名乘客和 1 821 名船员。该邮轮曾于 2017 年 6 月至 2019 年 4 月在中国运营,此后由于市场不景气等因素,该邮轮选择暂离中国市场。据了解,诺如病毒的传染性较强,可造成急性胃肠炎并导致严重腹泻症状,且该病毒传播途径极多,容易引发公众性卫生事件。业内人士指出,美国诺唯真邮轮发生此类事情,也暴露该公司的管理问题。

(资料来源:欧新.美国一邮轮爆发诺如病毒　数百名乘客在邮轮入港之后纷纷离船. https://baijiahao.baidu.com/s? id=1651237959346462411&wfr=spider&for=pc)

思考问题:

1. 在诺唯真邮轮本次应对诺如病毒危机时,设想一下还可以采取哪些方式。
2. 在诺如病毒的预防方面,邮轮乘客还需要注意哪些?
3. 从邮轮暴发诺如病毒的案例中,邮轮公司和相关监管部门还可以开展哪些优化和完善?

案例四　世界最大邮轮舷梯倒塌　13 人死亡 32 人受伤

2003 年 11 月 15 日,消防人员和救护车聚集在法国圣纳泽尔市“玛丽女王二世号”邮轮出事地点。15 日下午,正在法国圣纳泽尔市等待正式出航的“玛丽女王二世号”邮轮发生舷梯倒塌事故,造成 12 人死亡,22 人受伤,其中 10 人伤势严重。“玛丽女王二世号”邮轮是世界上吨位最大的豪华邮轮,现已完工并成功试航。新华网消息,正在法国圣纳泽尔市建造的目前世界吨位最大的邮轮“玛丽女王二世号”15 日发生舷梯倒塌事故,造成 13 人死亡,32 人受伤,其中 10 人伤势严重。估计死亡人数还有可能进一步上升。

据法国紧急事务官员说,事故发生时,从码头通向邮轮的舷梯上有数十人,其中包括一些前来参观轮船的各界知名人物。受害者多从 50 英尺的高处坠落而死。一名警官称,死伤者多数是儿童。目前"玛丽女王二世号"正处于海试阶段,该船预计于圣诞节前交付丘纳德轮船公司运营。英国女王伊丽莎白二世将于 2004 年 1 月 8 日在南安普敦为"玛丽女王二世号"送行。此后,该船将于 1 月 12 日从南安普敦启航,开始前往美国佛罗里达州劳德代尔堡的跨大西洋处女航。根据有关资料,造价约 8 亿美元的"玛丽女王二世号"航速达到近 30 节,长度超过 1 132 英尺(345 米),比埃菲尔铁塔的高度还长 166 英尺。从船的龙骨到桅顶的高度有将近 21 层高,总吨位近 15 万吨,可搭载 2 800 名乘客以及 1 250 名船员,其乘客和船员的比例约为 2∶1,使邮轮具备超级服务标准。该船有一个 1 000 人座位的剧场、一个天文馆、5 个泳池和一个舞厅。

(资料来源:法新.世界最大邮轮舷梯倒塌 13 人死亡 32 人受伤.http://news.sohu.com/2003/11/16/90/news215649045.shtml)

思考问题:

1. 在邮轮舷梯倒塌事件中,设想一下有可能是哪些环节产生了问题。
2. 在邮轮舷梯倒塌事件发生后,邮轮公司应该采取哪些应对方案?
3. 为提高邮轮航行的安全系数,在邮轮试航前还有哪些注意事项?

第二节 船舶应急处理

学习目标及要求

- **专业英语词汇**

  应急处理:emergency processing

  应变部署:emergency arrangement

- **学习目标**

  了解船舶应急的常见类型;了解各类海事的应急处理方案;了解船舶应变部署表规定。

- **学习重点难点**

掌握常见的4大类23种海事类型；理解各类海事发生后的应急处理程序与方法。

案例一　英国邮轮惊现群殴　6人遭“重点攻击”

英国P&O邮轮公司一艘从挪威卑尔根驶往英国南安普敦的邮轮发生群殴事件，涉事乘客用餐盘、家具当武器，现场混乱不堪，多人受伤。邮轮靠岸后，部分涉事人员遭警方拘留。

英国《都市日报》2019年7月27日以多名目击者为消息源报道，事发26日2时左右，邮轮那时已经起航大约12个小时。在邮轮第16层餐厅，一批乘客发现一名乘客扮成小丑，想起自己预订邮轮时以船上不举办化妆舞会为前提，随即发生冲突。一名目击者说，多人用餐盘和家具当武器，现场“到处是血”。6人遭“重点攻击”，多人受伤。一些邮轮员工说，从来没有经历过这种事。

事发前，16层餐厅举办一场正式晚宴，宴会结束后不少乘客“又喝了很多酒”。事发后，邮轮员工要求涉事乘客不得走出客房。27日一早，邮轮在南安普敦靠岸。船上两名乘客因涉嫌袭击他人遭警方逮捕、拘留。P&O邮轮公司发言人说，所有乘客已经下船，当地警方正在处理这一事件。

（资料来源：丁也.英一邮轮惊现群殴！乘客用餐盘家具当武器，6人遭“重点攻击”.https://baijiahao.baidu.com/s? id=1640369008109405484&wfr=spider&for=pc）

思考问题：

1. 在上述邮轮群殴事件中，梳理一下邮轮公司在应对中采取了哪些方式。
2. 在此类邮轮群殴事件预防方面，邮轮乘客还需要注意哪些？
3. 在本次邮轮群殴应对危机过程中，邮轮公司的危机应对方案还可以进行哪些优化和完善？

案例二 意大利邮轮“科斯塔康科迪娅号”搁浅 5人遇难

2012年1月16日，意大利邮轮“科斯塔康科迪娅号”沉没两天后，搜救人员继续漏夜在出事海域搜索失踪者，已确认有5人遇难15人下落不明。意大利当局分析邮轮的黑盒，怀疑邮轮船长错误偏离航道使船只过分靠近海岸，并在事发后一小时才报警求助。

稍早前他们在邮轮内部三层楼的会议空间，发现两名年长男性的尸体，当局称将尽快确认遇难者身份。负责事故调查的检察官表示，通过对邮轮的“黑盒”进行初步解读，发现邮轮距离海岸线只有150米，形容这个距离近得让人难以置信。另外，根据黑盒的记录显示，触礁事故发生在13日21时45分，而海岸警卫队在大约一个小时之后才接到警报，调查人员会了解事故发生后，船长下达的指令以及船长和附近港务局的通信信息。船长斯凯蒂诺被捕前接受访问，他否认犯错，指出撞到的礁石并未在航海图上显示，又否认提早弃船。

船长斯凯蒂诺说：“在这种特殊时刻你需要做决定，清楚明白什么是最佳方案，事实上我认为几乎所有乘客都已获救。”两段不同的视频记录下了乘客的整个逃亡过程。第一段视频中可以听到广播声，声称船只发生了技术故障。船员则身穿救生衣出现在邮轮的走廊中，当被问及为何穿上救生衣是否有事发生时，船员回答只是以防万一。另外一段视频则可听到广播说邮轮的电力出现故障。邮轮广播：“我代表船长通知您电力系统出现了故障，情况在可控范围内。但邮轮暂时断电，我们的技师正努力修理故障，并将即时公布维修进展，多谢耐心收听。”

随后大量游客在邮轮的主要集中点集合，穿上救生衣等待紧急撤离，搭乘救生艇离开邮轮。之后的画面可以看到大部分乘客乘坐救生船只来到邻近吉廖岛上避难，穿着救生衣的乘客们惊魂未定躲避在当地的一座教堂中等待援助。吉廖岛官员担心搁浅邮轮的燃料会污染当地海域。

（资料来源：李楠.意大利豪华邮轮“科斯塔康科迪娅号”搁浅 5人遇难. http://news.shm.com.cn/2012-01/16/content_3678981.htm，2012-01-16）

问题思考：

1. 如果幸存漂流到海岛，怎样寻找饮用水？
2. 简述饮水注意事项有哪些。
3. 荒岛上发信号的注意事项有哪些？

案例三　美国邮轮暴发诺如病毒　近 700 人呕吐腹泻

新华社华盛顿 2014 年 1 月 31 日电，美国疾病控制和预防中心 31 日说，美国一艘前往加勒比海巡游的邮轮上有近 700 名乘客和船员出现肠胃疾病，而祸首则是诺如病毒。

美国疾控中心 31 日发表声明说，实验室检测表明，诺如病毒导致皇家加勒比邮轮公司的“海洋探索者号”邮轮上 634 名游客和 55 名船员出现呕吐、腹泻等症状，“这是 20 年来最大的一次诺如病毒疫情暴发”。声明说，在过去的一周，该机构一直在调查这次疫情。“海洋探索者号”2014 年 1 月 21 日从美国新泽西州港口出发，前往加勒比海巡游，原计划行程 10 天。但很快船上就暴发了疫情，邮轮不得不提前两天于 29 日返回。船上共有 3 071 名乘客和1 166 名船员。皇家加勒比邮轮公司已决定给乘客退回一半的费用，并给他们提供其他补偿。然而风波未平，美国媒体 31 日报道说，美国又有一艘名为“加勒比公主号”的邮轮疑似出现诺如病毒疫情，约 170 名乘客与船员患病。

诺如病毒是一种可引起急性胃肠炎的病毒。感染者的主要症状为恶心、呕吐、发热、腹痛和腹泻，严重时可因腹泻脱水致死。诺如病毒感染性强，能通过受污染的水源、食物、物品、空气等传播，可在学校、餐馆、医院、托儿所等地集中暴发。

（资料来源：林小春. 美国邮轮暴发诺如病毒　近 700 人现呕吐腹泻症状.http://news.sohu.com/20140202/n394457963.shtml）

思考问题：

1. 在“海洋探索者号”邮轮应对诺如病毒危机中，采取了哪些方式？
2. 在诺如病毒的预防方面，邮轮乘客还需要注意哪些？

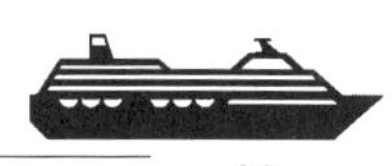

3. 在本次邮轮应对危机过程中，邮轮公司的危机应对方案还可以进行哪些优化和完善？

案例四　70 岁老人病发死亡　邮轮公司被判赔 2 000 万

美国一名老人乘坐皇家加勒比邮轮公司的邮轮庆祝 70 岁生日，结果在途中心脏病发不幸身亡。近日，陪审团判决该公司赔偿死者家属 338 万美元（约合人民币 2 271 万元）。

据英国《每日邮报》2016 年 8 月 8 日报道，2016 年，来自美国威斯康星州的理查德・普查尔斯基为庆祝 70 岁生日，决定和家人来一次海洋之旅，乘坐皇家加勒比邮轮公司的"海洋探险家号"邮轮去阿拉斯加巡游。2016 年 7 月 31 日，理查德途中感觉不适，来到船上医务室，声称呼吸急促。当值医生阿曼达・桑德斯进行检查后，诊断理查德是间隔心肌梗死。阿曼达对理查德进行了药物治疗，然后将他送回自己的船舱。大约 1 小时之后，理查德昏倒了，最终不治而亡。

理查德的家人起诉说，船上医务人员犯了错误，导致理查德的心脏病发作是致命的。当地时间 7 号，陪审团认定皇家加勒比邮轮公司需要承担 70%的责任，判决该公司赔偿医药费和精神损失费共计 338 万美元。皇家加勒比邮轮公司表示，对判决结果不认可，计划将进行上诉。

（资料来源：看看新闻.70 岁老人为庆生病发死亡　邮轮公司被判赔 2 000 万.https://www.163.com/news/article/E9TN1RAF0001875P.html）

思考问题：

1. 在上述邮轮应对突发疾病危机中，采取了哪些方式？
2. 邮轮上的医务人员在治疗突发疾病期间，还需要注意哪些细节？
3. 在本次危机赔偿过程中，邮轮公司还可以进行哪些优化和完善？

第四章　海上航行事故与海事预防

第一节　海上航行事故

学习目标及要求

- **专业英语词汇**

  海上事故：marine accident　　　海上碰撞：maritime collision

  船舶搁浅：ship grounding　　　邮轮爆炸：cruise explosion

- **学习目标**

  了解水运交通事故、海事的概念及含义；了解海上碰撞事故及其相关的法律问题；掌握海上避碰规则；理解碰撞公约；重点掌握海上救助。

- **学习重点难点**

  掌握海上航行事故的成因和分类；理解海事发生的特点和成因。

案例一　耗资约60亿元的邮轮首航就撞了

海外网2012年12月31日电，世界上最大的邮轮之一，全新的地中海“鸿图号”(MSC Grandiosa)邮轮上个月刚刚迎来首航。然而，本周一(12月30日)早上当它试图停靠在意大利巴勒莫的一个码头时，却狠狠地撞了上

去。据俄罗斯 30 日消息，这艘豪华邮轮于 30 日早上 8:30 左右接近西西里岛码头时，发生了碰撞。录像记录了这艘试图靠岸的巨轮撞向码头的那一刻，还可以清楚地听到撞击后船体发出的汽笛声。报道介绍，撞击导致船体部分墙壁坍塌，船身留下了明显的受损痕迹。尽管发生了不幸的撞船事故，但该邮轮后来还是顺利靠了岸。

据悉，地中海“鸿图号”邮轮造价 8.53 亿美元（约 60 亿元人民币）。总重量为 181 541 吨，是全球第七大邮轮。而就容量而言，地中海“鸿图号”邮轮可排世界第二位。

（资料来源：李晓航.全球第 7 大邮轮，耗资约 60 亿元，首航就撞了. http://m.haiwainet.cn/middle/3541093/2019/1231/content_31691420_1.html）

思考问题：

1. 在本次邮轮碰撞中，有哪些因素影响了邮轮的正常行驶和判断？
2. 本次邮轮碰撞发生后，需要与哪些岸上部门做好沟通协调及时处置？
3. 在邮轮碰撞后的修复和善后工作中，需要注意哪些事项？

案例二　两艘美国邮轮相撞

据外媒报道，2019 年 12 月 20 日，嘉年华“荣耀号”在加勒比海西部的墨西哥科苏梅尔港与另一艘邮轮嘉年华“传奇号”相撞。周六早上，这艘船在港口进行机动时，船尾撞进了“传奇号”，当时“传奇号”已经安全靠岸。此次撞船事故给嘉年华公司带来了巨大的损失。在操纵的同时，这艘船也非常接近皇家加勒比的“海洋绿洲号”，它也停泊在附近的一个不同的码头。这一事件被不同船上的乘客拍了下来。

嘉年华“传奇号”的船头遭到破坏，这是一艘精神级船只，嘉年华邮轮公司表示，当嘉年华“荣耀号”3 号甲板和 4 号船尾餐厅的一群乘客被疏散时，一人受伤。嘉年华邮轮公司发表声明，并在社交媒体上证实，两艘邮轮的下一个预定航行将继续进行。“我们正在评估损失，但没有任何问题影响这两艘船的适航性。我们建议两艘船的客人在科苏梅尔海岸享受他们的一天”。

目前，这艘重达11万吨的嘉年华“荣耀号”正从新奥尔良出发，开始为期7天的西加勒比海之旅。而这艘重达8.85万吨的嘉年华“传奇号”正从佛罗里达州的坦帕出发，开始为期一周的航行。嘉年华邮轮公司告诉游客们在科苏梅尔度过愉快的一天，同时工作人员正在评估损失。值得庆幸的是，由于损坏在水线以上，两艘船仍能适航。周六，共有8艘邮轮抵达科苏梅尔，包括“荣耀号”“传奇号”“海洋绿洲号”“海洋女王号”“挪威太阳号”“挪威黎明号”“鲁米诺萨号”和“帝王公主号”。这并不是同一家邮轮公司的两艘邮轮第一次在港口相撞。2019年5月，两艘荷兰美洲邮轮在温哥华港相撞，2019年2月，两艘MSC邮轮在布宜诺斯艾利斯港相撞。

（资料来源：黄金网.两艘美国邮轮相撞是怎么回事？这次撞船事故有什么影响？https://baijiahao.baidu.com/s?id=1653708486242194190&wfr=spider&for=pc）

问题思考：

1. 此次相撞事故的成因有哪些？
2. 对于相撞事故的成因该如何进行防范？
3. 对于此次事故，各方应该反思哪些问题？

案例三　MSC两艘豪华邮轮碰撞

信德海事网2019年2月22日消息，2月20日，阿根廷布宜诺斯艾利斯港，地中海航运MSC旗下的一艘名为MSC“ORCHESTRA号”的豪华邮轮在离港时和同属于该公司的另一艘停靠在港池内的MSC“POESIA号”邮轮发生碰撞。

据现场发回的视频显示，MSC“ORCHESTRA号”当时正在离港，MSC“POESIA号”靠泊在同一港池的另一泊，未控制好的“ORCHESTRA号”右舷触碰到了“POESIA号”邮轮的左舷，两船均受到损伤。

（资料来源：搜狐.MSC两艘豪华邮轮碰撞！自家人打自家人.https://www.sohu.com/a/297791284_175033）

思考问题：

1. 在本次海上航行事故中，设想一下有哪些因素影响了邮轮的正常行驶和判断，最终导致两船碰撞。
2. 本次邮轮航行事故发生后，需要与哪些岸上部门做好沟通协调及时处置？
3. 海上航行事故发生后，需要及时开展哪些应对措施来安抚邮轮乘客？

第二节　海事预防

学习目标及要求

- **专业英语词汇**

  海事预防：maritime accident prevention

  船舶操纵：ship maneuvering
- **学习目标**

  了解海事的概念；了解发生海事的条件和特点；了解防止海事的措施。
- **学习重点难点**

  掌握海事发生的作用机制；掌握各类海事预防的行动措施。

案例一　意大利邮轮漂泊 15 周　2 000 余人无一感染

防止感染新冠病毒的最好方法就是远离可能感染的区域和人群，最近有一事件证明了这一方法虽然简单但是有效。意大利歌诗达“唯美号”邮轮在海上漂泊 15 周之后，于 2020 年 4 月 20 日在西班牙巴塞罗那靠岸。由于完全避免了不必要接触，直到下船为止，船上两千余名成员无一人感染。

据了解，该邮轮上载有 1 831 名乘客和 898 名船员。该船 1 月初从威尼斯出发，开启环游世界的旅程，原计划于 4 月 26 日返回威尼斯。随着疫情扩散，邮轮仅在加油和有技术问题时靠岸。3 月，船上乘客在航行期间最后一次踏上陆地，此后众人在海上“与世隔绝”30 余日。4 月 20 日，168 名西班牙乘客首先下船。

根据母公司意大利歌诗达邮轮(Costa Crociere)的声明,船上先前曾有乘客身体不适,但在西西里接受检测后结果呈阴性,此后没有再出现其他状况,因此这名乘客只被限制行动了一小段时间。另外,邮轮遵循意大利防疫措施,包括人员之间保持社交距离,限制餐厅人数,等等。“船上 1 814 名乘客与 898 名船员的健康状况不会对公共卫生造成任何问题,也没有出现新冠肺炎病例。”

来自西班牙瓦伦西亚的乘客卡洛斯·帕亚(Carlos Payá)在 18 日表示,在许多艘邮轮暴发疫情之际,歌诗达“唯美号”简直“超乎现实、不可思议”,很感谢船长与船员的细心照顾,不过“有些乘客考虑到自己年纪大了,很希望留在船上,因为他们知道这艘船非常安全”。另一对来自法国马赛(Marseilles)的夫妻指出:“我们从 3 月 14 日就无法上岸,也就是 34 天与外界没有任何接触。”

(资料来源:卢书敏.意大利邮轮漂泊 15 周　2 000 余人无一感染. https://news.china.com/socialgd/10000169/20200421/38114232.html)

思考问题:

1. 在本次邮轮漂泊过程中,有哪些因素保证了邮轮防疫的安全成功?
2. 设想下邮轮乘客在 15 周的海上漂泊过程中,会采取哪些防范措施?
3. 从邮轮的海事预防角度,邮轮公司在上述邮轮漂泊过程中还可以进行哪些优化?

案例二　上海举行国际邮轮大型消防演习

2012 年 8 月 13 日,消防队员在“火灾”现场紧急扑救。上海市消防局在位于黄浦江水域的吴淞国际邮轮码头举行大型水上消防演习,模拟候船大厅失火并殃及靠泊的邮轮,相关部门及时启动应急预案,迅速扑灭火势。此次演习旨在提升消防船水域灭火救援能力,为提升单位职工的自防自救能力打下基础。

上海消防联系长航公安在宝山吴淞口国际邮轮港码头,联合举行国际邮轮码头大型邮轮灭火与应急救援综合演练。百余名公安干警、消防武警指战员和邮轮港工作人员参加综合演练。演练假设"维多利亚号"邮轮因电气线路故障引发火灾。演练由水域和陆域二部分组成。上海消防局"沪消1号""沪消2号"二艘消防艇停泊"维多利亚号"邮轮外档水域，担负救火任务，各出2门水炮打击火势；长航公安局上海分局担负"维多利亚号"邮轮外档水域的警戒、维护水上治安秩序，对落水旅客进行营救。上海消防局宝山消防支队4辆消防车担负码头大道铺设干线设分水于候船室正门适当位置，各出2支水枪阻止火势，组成战斗小组进入候船室救援疏散旅客。30分钟后整个演习圆满结束。

（资料来源：陈飞摄.上海举行国际邮轮大型消防演习. http://roll.sohu.com/20120813/n350556509.shtml，2012－08－13；东方网.上海举行大型邮轮灭火演练 战斗小组冲进候船室疏散旅客. https://news.ifeng.com/c/7fcw4FhF8Fy.2012－08－14）

问题思考：

1. 防止海事的指导思想是什么？
2. 你如何看待海事预防？海事预防的效用有哪些？
3. 消防演练的手段还有哪些？

案例三　全球首艘获海事业感染风险管控认证邮轮诞生

云顶邮轮集团于2020年7月7日宣布，旗下星梦邮轮"探索梦号"获得全球最大规模船级社 DNV GL 颁授的"海事业感染风险管理及防控认证 CIP-M"，成为全球首艘获此认证的邮轮。近日，星梦邮轮也宣布"探索梦号"将于7月26日复航，或成全球首家复航的邮轮公司。

据业内介绍，DNV GL 是医疗业感染风险管理及防控认证专业机构，全球经 DNV GL 审核及认证的医院及医疗机构约630家。新冠疫情发生后，云顶邮轮集团在率先制定及公布防疫细则后，又积极与 DNV GL 展开合作，凭借 DNV GL 专业医疗感染风险管理及防控认证的严格规范为邮轮业复航把关。双方针对邮轮的特性，并以保障旅客和船员的安全健康为大前提，共同开创海事业感染风险管理及防控认证 CIP-M 新规范，并通过审核船上的防控体系与相关措施，评估业者防控及减轻感染风险的能力。

云顶邮轮集团总裁朱福明表示，很高兴云顶邮轮集团能成为全球首间荣获海事业感染风险管理及防控认证 CIP-M 的邮轮公司。过去数月以来，集团一直在为复航做积极准备，就船上已有的防控流程和应急机制进行审核和评估，并制定一套更全面和完善的邮轮防控细则，从岸上到船上打造严格的防控环节，确保一切遵循海事业感染风险管理及防控认证 CIP-M 的标准及各地政府的防疫规定。

DNV GL 海事东南亚、太平洋及印度区域经理 Cristina Saenz de Santa Maria 女士表示，此次新冠疫情对全球所有行业带来前所未有的艰巨挑战，在这一非常时期，与云顶邮轮集团合作共同开创海事业感染风险管理及防控认证 CIP-M 新规范，希望能帮助邮轮业恢复安全的运营，重拾旅客对邮轮旅游的信心。

据了解，DNV GL 凭借其在感染风险管理的专业优势，针对海事业的特性，综合了包括美国疾病管制与预防中心船舶卫生计划在内等海事领域特定规范，以及国家法律法规及行业准则，开创了海事业感染风险管理及防控认证 CIP-M 新规范。与一般感染风险管理及防控认证不同的是，海事业感染风险管理及防控认证 CIP-M 以 DNV GL 获世界公认的医疗规范为基础，由不同领域包括海事业的专家为邮轮业量身定制。DNV GL 从公司安全管理系统对传染病的管理，包括防控体系与相关措施等各方面来评估及鉴定一家公司的海事业感染风险管理及防控认证 CIP-M 资格。为了确保业者持续严格遵循规范，并提高规范运作水平，DNV GL 每年均会进行公司内部及船上审核。

据云顶邮轮集团介绍，刚刚获得 CIP-M 认证的“探索梦号”已经进驻基隆母港，7 月 26 日将开始展开“邮轮跳岛游”航线，旅客可选择 5 天 4 夜、4 天 3 夜及 3 天 2 夜的航程，到访中国台湾周边特色离岛景点。新航线开始接受预订以来，8 月份的航次已订满。

（资料来源：龙涛.邮轮复航如何防疫？全球首艘获海事业感染风险管控认证邮轮诞生. https://www.sohu.com/a/406296527_161795）

思考问题：

1. 请阐述全球首艘邮轮风险管控认证的作用和意义。

2. 梳理一下邮轮风险管控认证聚焦在哪些方面。
3. 从全球邮轮风险管控认证角度，邮轮公司还可以进行哪些优化？

案例四　邮轮上一旅客突发疾病后成功获救

2019年2月18日下午2点20分，厦门市海上搜救中心接到厦门中外运船代报警称，从日本前往深圳的意大利籍邮轮“歌诗达大西洋号”邮轮上一名60多岁中国籍女性旅客因急病需就医，该船正航经厦门外海水域，请求救助。厦门市海上搜救中心接到险情信息后立即启动应急预案，一是联系该船船长，引导该船往厦门港外锚地航行，要求船长注意观察病人状态；二是通知东海救助局厦门基地准备救助；三是要求该船代理做好病人入境手续申报，联系厦门市120急救中心准备人命救治；四是厦门船舶交管中心对邮轮进行重点监控，适时提供信息服务和助航服务，并为邮轮病人的交接提供信息传递。

18日下午3点26分，在厦门市海上搜救中心值班人员的协调下，专业救助直升机“B-7346”从高崎机场起飞前往现场，邮轮方面同步做好病人转移的相关准备工作，此时邮轮离厦门港还有约50海里的距离。为保证救助能顺利完成，要求邮轮航向由原来的向西南方向航行调整180度改为向东北方向迎风航行，同时降低航行速度。18日下午3点47分，救助直升机抵达邮轮上空，在搜救中心的指挥下，克服大风天气成功将病人转移至直升机上，并于4点37分安全抵达高崎机场，病人转移到120急救车，送往厦门市中医院救治。下午4时21分，“歌诗达大西洋号”邮轮恢复航行前往深圳。

（资料来源：卢俊良.惊险2小时！邮轮上一旅客突发疾病，厦门海上搜救中心克服大风天气，成功救助！https://www.sohu.com/a/295754890_807500，2019-02-19.）

问题思考：

1. 你认为海事预防可以规避哪些海上事故？
2. 你如何看待本次案例中涉及海上事故预防部门的工作职责？
3. 你认为海事预防最主要的是哪方面工作？

第五章　海上求生与海上救助

第一节　海上求生

学习目标及要求

- **专业英语词汇**

海上求生：survival at sea　　救生设备：survival equipment

求生知识：survival knowledge　　求生意志：will to live

- **学习目标**

掌握水运交通事故、海事的概念及含义；了解海上碰撞事故。

- **学习重点难点**

掌握海上求生的定义；了解海上求生中的主要困难；掌握海上求生要素。

案例一　歌诗达旗下邮轮发生机舱火灾

意大利歌诗达邮轮公司(Costa Cruise Lines)的“阿莱格拉号”(Allegra)于2012年2月28日在航行途中突然机舱起火，造成船只失去动力，只能在印度洋海域漂浮。船上有636名乘客和413名机组人员。

意大利海岸警卫队的科西莫·尼卡斯特罗表示，虽然“阿莱格拉号”现在只有应急电源，他们并不担心乘客在这段时间的安全。但没有空调，没有任何设备正常工作，乘客没有灯光照明，所以对他们来说情况并不好。现在正通过直升飞机，由邮轮公司为他们提供食品和用品。

（资料来源：李增新.邮轮再出事故 行业雪上加霜.http://international.caixin.com/2012-02-29/100361971.html，2012-02-29）

问题思考：

1. 这次的火灾属于船上火灾的哪一种？
2. 船上的乘客应该仓促逃生还是听从船员的指挥？
3. 针对本次火灾，你认为邮轮本身还有哪些方面需要更新和完善？

案例二　邮轮起火近 200 人跳海求生

极目新闻报道，当地时间 2021 年 5 月 29 日，一艘载有近 200 人的邮轮在印度尼西亚起火，迫使近 200 名乘客和船员跳入海中求救，目前无人员伤亡，起火原因还在调查中。据天空新闻报道，5 月 29 日早上 7 点，印尼邮轮“卡里亚·英达号”（KM Karya Indah）在马鲁古海发生大火，整艘船被大火吞噬烧毁。

船上有 181 名乘客和 14 名船员，其中包括 22 名儿童，视频显示乘客和船员在波涛汹涌的水中挣扎，紧紧抓住海上漂浮物，呼救声不断传来。邮轮上熊熊大火正冒出黑烟。当地海运部门称，目前没有接获任何伤亡报告，所有乘客都被当地渔船救起。事故原因仍在调查中。但据幸存者说，这艘船起航后约 15 分钟起火，很明显是从机舱开始起火的。邮轮事故在印度尼西亚十分常见，许多事故都源于船只管理松懈。印度尼西亚是世界上最大的群岛国家，拥有 17 000 多个岛屿。

（资料来源：宋清.突发！一邮轮起火，近 200 人跳海求生.https://baijiahao.baidu.com/s? id=1701282935048704543&wfr=spider&for=pc）

思考问题：

1. 请设想一下有哪些原因会导致邮轮起火。

2. 请梳理一下邮轮起火后的救援一般会涉及哪些部门。

3. 从邮轮乘客角度，在邮轮起火后，乘客可以采取哪些方式进行自救？

案例三　落海38小时获救女游客：会游泳，靠意志力求生

一名上海女游客乘坐邮轮前往日本旅游，疑似返程时失踪。38小时后，该失踪女子王思（化名）在162海域水中被浙普渔运48 688渔船所救，并转交给浙普渔运48 888渔船，于2016年8月13日早上7点40分停靠舟山国际水产城2号码头。

落入海中38个小时，面对无食物、无淡水、无救生物品的茫茫大海，这名女子究竟是如何生存下来的？13日，被救女游客王思在与救助船员及舟山派出所民警交流时透露了一些初步信息：自小学习游泳，凭借着坚强的意志力支撑，一直到被路过渔船救起。8月13日下午，皇家加勒比邮轮公司相关人士接受澎湃新闻记者采访时表示，女游客在船上失踪后，邮轮曾先后两次组织全船寻找。

落海女游客称自己5岁起学习游泳，水性很好

“如果没有食物、淡水、漂浮物，一个缺乏经验的人落入海水38小时，是难以生存下来的，首先要面对的挑战可能就是水温太低”，一名从事救捞工作的业内人士对此事啧啧称奇，并表示曾听说过的生存案例是一名有丰富航行经验的船长，“不过水域的不同或许具体情况也会不太一样，要推断生存下来的原因，可能还需要进一步的细节。”8月13日，据朱家尖边防派出所告诉澎湃新闻，该女子称自己“5岁开始就已经学习游泳”，其他细节谈得不多。警方对于此次事件的评价为“能活下来真是个奇迹”。据《舟山日报》报道，落水游客家属表示女儿从上幼儿园就开始学游泳，还是在海事类体育大学毕业，身体素质不错，水性很好。她今年31岁，身高1.75米。泡在海水里的38个小时期间，她没有吃东西也没有水喝，就是靠着强大的求生意志活着。这篇报道还称，从10日晚上9点跌落，到了11日晚上9点多，王思太累睡着了，梦到自己回到了上海家里。再次醒来就是获救那天，12日中午，她看到附近有货轮，但是由于船太高，上面的人看不到她，她继续漂浮，直到看到有一艘渔船，便奋力游过去，最终获救。13日下午，澎湃新闻也多次电话

联系王思爸爸，不过对方一直没有接受采访。朱家尖边防派出所民警告诉澎湃新闻，8 月 13 日下午 4 时 30 分左右，王思已经同父母一同从朱家尖边防派出所返回上海。

船方：女游客失踪后，先后两次组织全船搜索

对此事件，上海海事局给澎湃新闻的事件通报中写道，指挥中心曾于 8 月11 日凌晨 1 时 18 分接到上海外轮代理公司的电话简报，称其公司代理的“海洋水手号”在航期间疑似发生“乘客失踪事件”。13 日上午 8 时 35 分，该代理公司向海事局发来更详细的信息报告，称 8 月 10 日晚 23 时 30 分，事发船方接到失踪人员家属报告，有一名 31 岁女性乘客失踪。家属称，最后一次见到她的时间为 10 日 20 时 30 分，船方立即采取了全船搜寻、不间断广播、查看中央监控等措施，发现该名女子在 21 时左右出现在 4 层甲板上之后，再也没有出现在监控中。经“海洋水手号”的船方测算，该人员疑似失踪时，船舶位置位于北纬 34°27.6′，东经 123°39.6′附近。据上海海事局提供的资料，由于该位置超出上海海上搜救中心搜救责任区水域，该中心要求该公司立即向邻近搜救中心申请搜救支援，同时通知吴淞海事局加强巡逻戒备，注意辖区内可能因流漂浮的失踪人员。此外，值得注意的是，8 月 13 日邮轮公司皇家加勒比接受澎湃新闻记者采访时表示，女游客失踪后，船方曾先后组织两次全船搜索。据称，2016 年 8 月 10 日晚 10 点 50 分“海洋水手号”接到客人协助请求，其同行女儿在晚 8 时 30 分离开客房后尚未返回客房。船方在晚 11 点至次日 0 时，先后进行 6 次广播并同时进行了首次全船搜索。直至 8 月 11 日凌晨仍未寻获该名游客。在早上 6 点船靠岸后，海事部门、水上公安登船协助搜索及取证。上午晚些时候，船方、海事部门、水警进行了第二次全船搜索，观看了当晚相关区域监控录像后，以及对该名游客父母进行问讯和取证后，水上公安将该事件立案为“失踪人口”。该邮轮公司表示，仍在配合调查的过程中，不愿透露包括失踪原因在内的更多细节。

（资料来源：郭彪.落海 38 小时获救女游客：会游泳 靠意志力求生. http://news.sohu.com/20160813/n464076233.shtml）

思考问题：

1. 请设想一下有哪些原因会导致邮轮乘客落水。
2. 请梳理一下本次邮轮乘客落水后的救援一般会涉及哪些部门。

3. 从邮轮乘客角度，海上求生还可以采取哪些方式进行自救？

案例四　长江口邮轮“遇险”后500余人参与“救援”

2020年9月18日，由中国海上搜救中心、国家卫生健康委员会卫生应急办公室、上海海上搜救中心联合组织开展的“2020年海上紧急医疗救援专项演练”在上海成功举办。海上搜救中心接报后，迅速组织开展救助，协调卫健部门进行远程医疗指导、伤病员转送，并组织力量携带移动式方舱医院等设施前往现场开展紧急医疗救援。

同济大学附属东方医院的国家紧急医学救援队接上级指令，以最快速度投入本次救援，不仅在救助船上建立了甲板区、低体温复苏室、监护室、外科处置室等功能区域，还迅速搭建了移动医院手术室，并有医疗小分队经直升机索降到达指定区域开展现场医疗救治。经过紧张的“救治”，总共处置“伤员”50名，演练获得圆满成功。

据悉，东方医院国家紧急医学救援队是国内较早开展海陆空一体化救援的单位，还成立了航空救援分队，在南北两个院区均建有高规格的直升机停机坪，是一支具有全天候、全功能、全灾种救援能力的应急队伍，是国家首批国家紧急医学救援队和WHO认证的首支国际应急医疗队。长江航运上海分局出动公安艇、民警，在模拟落水人员救生演习科目中，充分展现分局实战大练兵成果，圆满完成了落水人员营救地演习任务。

演练采用无脚本实战演练模式开展，重点演练了启动应急响应、救援力量协调调派、船舶自救、远程医疗指导、紧急医疗救援、伤病员紧急转移、岸基应急响应、现场警戒、远程信息传输等9个科目。上海海事局、东海救助局、上海市卫生健康委、上海市公安局、宝山区人民政府等上海海上搜救中心成员单位，同济大学附属东方医院、皇家加勒比邮轮公司、海上搜救志愿者队伍等社会力量，共500余人、10艘船艇、3架飞机参加了演练。

（资料来源：搜狐.长江口邮轮“遇险”，500余人、10艘船艇、3架飞机参与“救援”. https://www.sohu.com/a/419397841_162758）

问题思考：

1. 沉船自救的办法有哪些？
2. 从上述救援的行动中你获得了什么启示？

第二节　海上救助

学习目标及要求

- **专业英语词汇**

  海上救助：assistance and salvage at sea

  救助公约：salvage convention

  救助报酬：salvage award

- **学习目标**

  了解海上碰撞事故的相关法律问题；掌握海上碰壁规则；理解碰撞公约。

- **学习重点难点**

  了解海上救助法律制度的产生；掌握海上救助的主要国际公约。

案例一　挪威邮轮引擎故障逾千人等待救援

新华社奥斯陆2019年3月23日电（记者梁有昶、张淑惠）　一艘挪威邮轮23日在该国西海岸发生引擎故障，并遭遇大风天气，船上逾千人等待救援。据挪威媒体23日报道，这艘名为“维京天空号”的邮轮载有约1 300人，事发时正由挪威北部城市特罗姆瑟开往南部城市斯塔万格。23日下午，邮轮在挪威西部默勒—鲁姆斯达尔郡海岸附近发生引擎故障，当时风力很大，邮轮面临失控危险。

在收到求救信号后，救援机构决定动用4架直升机疏散船上人员。目前有约100人被撤离到岸上。据悉，目前这艘邮轮一个引擎恢复工作，并已下锚固定船体。一艘拖船正驶向事发地点，计划将邮轮拖入海港。“维京天空

号”邮轮在挪威卑尔根注册，于 2017 年投入使用，设计可容纳 930 人。

（资料来源：北晚新视觉综合.挪威邮轮引擎故障：逾千人等待救援已有百人撤到岸上. https://www.takefoto.cn/viewnews-1737673.html）

思考问题：

1. 请梳理一下邮轮在引擎故障面临失控的危险时刻，邮轮公司采取了哪些救助措施。
2. 在本次邮轮人员疏散的过程中，各单位和部门承担了哪些相关的救助工作？
3. 从邮轮船员的角度，在邮轮等待救援的过程中，船员的救援工作有哪些注意事项？

案例二　外籍邮轮获救船员写信感谢南海救助者

2020 年 4 月 6 日，一艘外籍豪华邮轮在珠江口海域巡游时，一名外籍船员突发心梗需要救助，经交通运输部南海救助局深圳救助基地“南海救 321”艇实施海上转运救助，患者于 6 日晚间被成功转移陆地，并得到及时医治。4 月11 日，这名获救的外籍船员写信感谢中国的南海救助者。

救助轻骑兵“南海救 321”出动，深圳救助基地成功救助外籍邮轮患病船员

4 月 6 日午间，南海救助局深圳救助基地接到救助指挥信息，一艘意大利籍邮轮在珠江口外海海域巡航等待进深圳蛇口邮轮母港时，船上一名印尼籍船员突发心肌梗塞，需要救援。按救助指挥指令，深圳救助基地立即指派快速救助船“南海救 321”艇做好出动准备，并按疫情防控要求做好防控准备。鉴于目前我国疫情处在内防扩散、外防输入的关键时期，深圳基地在接到指令后，立即启动应急预案，组织落实疫情防控措施，在救助船搭建临时隔离舱，并积极与船舶代理沟通转运相关事宜，制定救助方案。

6 日晚 19 时许，船舶代理获得深圳市有关部门许可，经中国海关检查后，“南海救 321”艇于 20 时 40 分从深圳湾游艇会码头出发，全速赶往桂山 13 号锚地邮轮临时抛锚点，于 22 时 10 分抵达现场靠泊外籍邮轮，并成功接上病患者返航。23时56分,“南海救321”艇返抵蛇口邮轮中心码头,将该名病患移交海关工作人员,并由120救护车送往指定医院就医。“南海救321”艇完成全面消杀后返航值班待命点,救助人员按防疫工作要求立即进行隔离观察。4月7日上午,经确认,转移的外籍病患核酸检测为阴性,参与救助的6名人员随即解除隔离。4月11日,获救的外籍船员向南海救助者写了一份感谢信。

(资料来源:林传凌.外籍邮轮获救船员写信感谢南海救助者.https://news.dayoo.com/gzrbrmt/202004/14/158551_53286368.htm)

思考问题:

1. 请梳理一下开展海上救助的部门有哪些?
2. 请分析疫情前和疫情后,邮轮开展海上救助时的差别和注意事项有哪些。
3. 从邮轮受伤人员的角度看,海上救援能够如此快速开展的保障力量有哪些?

案例三　东海救助专业力量紧急救援邮轮中的受伤游客

2018年7月23日20时许,位于长江口以东约30海里处,地中海“辉煌号”的邮轮正由上海驶往日本长崎途中,船上1名年约60岁的女性游客不慎摔伤,大腿骨折,急需送医救治。

东海救助局自上海搜救中心处接获信息后,立即调派长江口驻守值班待命的“东海救101”轮迅速前往,并立即与地中海“辉煌号”邮轮取得联系,双方船舶对开为救护争取时间。当晚23时左右,“东海救101”轮成功接下受伤人员及1名陪同人员,并转送至外高桥码头移交120送医。

(资料来源:刘力源.邮轮航行途中突遇游客受伤　东海救助专业力量紧急救援.https://baijiahao.baidu.com/s?id=1606864631191691010&wfr=spider&for=pc)

思考问题：

1. 请梳理一下开展海上救援救助的单位和部门有哪些。
2. 请分析邮轮开展海上救助时会使用哪些先进的信息系统。
3. 从邮轮受伤人员的角度看，海上救援能够如此快速开展的保障力量有哪些？

案例四　吴淞海事开辟海上绿色通道应急救助邮轮急病孕妇

新民晚报讯（首席记者 曹刚）　2019 年 7 月 16 日下午，吴淞海事局接到巴拿马籍邮轮地中海“辉煌号”求助，邮轮上有一名高龄孕妇突发疾病，急需上岸救治，希望尽快靠泊。吴淞海事局立即启动应急联动机制，开辟绿色通道，保障邮轮优先靠泊，为病人赢得宝贵时间。

地中海“辉煌号”邮轮从日本返回上海途中，船上一名 43 岁孕妇突发流产出血症状，被送往船上医务室治疗，因船上医疗条件有限且直升机救助存在一定风险，船方与家属沟通后，希望尽快靠泊将病人送医。吴淞海事局迅速开展应急联动，同船方、代理、引航站、邮轮港沟通，确认了该邮轮预抵长江口深水航道的时间。由于恰逢长江口深水航道繁忙的管制时间，且相关时段的进口时间已在 15 日被其他船舶申请。吴淞海事局立即协调船舶调整计划，并提前安排巡逻艇在重点水域准备护航。

当晚 21 时 55 分，地中海“辉煌号”邮轮进入吴淞交管覆盖区域后，值班员加强重点关注，协助其避让周围船舶。22 时 15 分，邮轮顺利进入长江口深水航道，值班员点对点对附近船舶逐一提醒，为地中海“辉煌号”轮抢通了一条海上生命线。17 日凌晨 3 时 30 分，在巡逻艇护航下，地中海“辉煌号”邮轮顺利靠泊上海吴淞口国际邮轮码头，比原计划提前 3 个半小时，病人立刻被等在码头的救护车接走。

（资料来源：曹刚.吴淞海事开辟海上绿色通道应急救助邮轮上的急病孕妇. https://baijiahao.baidu.com/s?id=1639357072918572507&wfr=spider&for=pc）

思考问题：

1. 请梳理一下开展上述海上绿色通道的单位和部门有哪些。

2. 请分析开展本次海上救助时邮轮港口采取了哪些应急措施。

3. 从国际合作角度，邮轮海上救援能够快速有效开展需要哪些合作和完善？

第六章 邮轮应急与消防

第一节 邮轮应急预案

学习目标及要求

- **专业英语词汇**

  应变部署表:muster list　　应急计划:emergency plan

  应变演习:contingency drills　　海事应变:maritime strain

- **学习目标**

  主要了解邮轮发生应急情况时,如何按照应变部署表来采取正确的行动。

- **学习重点难点**

  了解邮轮应变演习以及事故应急管理的过程。

案例一 意大利邮轮搁浅事故

事故概况

2012 年 1 月当地时间 13 日晚,一艘长 290 米、排水量 11.45 万吨的豪华邮轮在意大利西部吉利奥岛附近海域触礁搁浅。事发时,这艘名为“科斯塔·康科迪亚号"的邮轮正在进行环地中海旅程，船上搭载 4 234 人，包括 3 000多名乘客和约 1 000 名船员。出发仅几小时船体触礁后被撕开一道 70 米至 100 米长的裂缝，船舱进水，船体倾斜，最终在意大利吉利奥岛附近浅水海域搁浅。据《太阳报》1 月 28 日报道，截至当地 13 日，意大利"科斯塔·康科迪亚号"邮轮触礁搁浅事件共造成 17 人死亡，15 人失踪。

事故原因

该邮轮在行驶至意大利季略岛附近时偏离计划航向，实际航行线路距海岸太近，导致船舶触礁搁浅。根据事故调查分析，这是一起由人为因素导致的搁浅事故。船长斯蒂诺是船舶的指挥者，由他负责"选择航线"。他自以为对这一海域比较熟悉，了解附近海域的水深，便以目视航行，他本人也承认此前这样做过三四次，都没有出现过问题。结果等他发现存在险情的时候，再下令转向已经来不及挽救。据有关媒体考证，该邮轮改变航线并未经过船东授权。由此可判断，该起邮轮搁浅事故是人为过失造成的。船长对安全航行的重视程度不够，在航行时指挥失误，导致了搁浅事故发生。

邮轮搁浅案后续

在经过案件辩护律师数月的罢工风波后，意大利"科斯塔·康科迪亚号"邮轮搁浅案于 7 月 17 日再次开庭，使这一案件重新走上了正常的司法程序。"科斯塔·康科迪亚号"邮轮船长斯凯蒂诺在 2012 年 1 月 13 日邮轮搁浅事件发生后即被警方拘留，在经过一系列审讯后，检察院正式向法院提起诉讼。在一年多的审讯过程中，斯凯蒂诺作为案件唯一的被告，被指控过失杀人、置乘客的生命安全于不顾以及毁坏自然环境等多项罪名。

"科斯塔·康科迪亚号"邮轮搁浅案的案件规模十分庞大，包括受害自然人 4 228 人，受害法人 31 人，共有 62 名律师代表 242 名受害者提出附带民事诉讼，另有 60 名受害者的提请要求待审核。该案共有 68 份卷宗，其中 31 份为事故报告，至今共已开庭 57 次。此外，有包括邮轮黑匣子、舰桥控制室以及目击证人在内的 700 多份证词资料提交法庭，其中 338 份证词来自附带民事诉讼方、96 份来自辩方，另有 575 份来自公诉方，但其中的许多内容是重复的。

久拖不决的"科斯塔·康科迪亚号"邮轮搁浅案除了无法还给事故受害者亲属一个公道外，在世界范围内也间接影响了意大利的国际声誉。据意大利《晚邮报》报道，美国有线电视新闻网(CNN)著名新闻评论员艾琳·博内特曾就刚刚结束的邮轮搁浅案律师罢工事件评论:“在那儿(意大利),这种事已经司空见惯了”,“标准普尔下调意大利主权评级的做法是有理可寻的,因为这是经常罢工所造成的直接恶果。”

搁浅事件发生后,“科斯塔·康科迪亚号”邮轮的打捞工作成为媒体关注的又一焦点。打捞工作自2012年10月正式开启,被认为是人类历史上最大规模的一次海难打捞作业。由于难度较大、资金不足等一系列原因,于2014年才完成全部打捞作业。

(资料来源:宋宁宇.意大利邮轮搁浅五人遇难15人失踪.http://news.ifeng.com/c/7fbH8La2sQp,2012-01-16)

问题思考:

1. 意大利邮轮搁浅事故原因有哪些?
2. 邮轮事故发生后的船员应急机制有哪些不足?
3. 你认为,邮轮搁浅案久拖不决的主要原因有哪些?

案例二　大雾致多班邮轮取消延误　多部门联合协助旅客

连日来,受大雾影响,上海吴淞口国际邮轮港共有3个邮轮班次取消,1个邮轮班次延误。看看新闻(Knews)记者于2018年4月1日晚从邮轮港获悉,在多部门联合协作下,诺唯真“喜悦号”、歌诗达“赛琳娜号”在具备通航条件后已经离港,天海“新世纪号”计划于4月2日下午开航。而延误了近13个小时的“千禧年号”靠港后,上海边检迅速启动应急预案,让旅客通关的时间缩短了近一半。下午5点多,吴淞口邮轮港的边检大厅内,从“千禧年号”邮轮上下船的旅客均已快速入境,现场没有发生人员滞留的情况。一名外籍游客告诉看看新闻(Knews)记者:我们因为大雾延误了,我非常理解因为这在任何地方都有可能发生,而且现在我已经非常便捷地入境了。

据悉,“千禧年号”原定于4月1日凌晨1点靠港,船上有将近2 200名外籍旅客,但受大雾影响,邮轮一直在锚地停留。据船公司介绍,得益于政府协调和海事机关、邮轮码头、引航站等部门帮助,在达到通航条件后,下午2点,“千禧年号”优先靠港,上海边检随后迅速启动应急预案,打开全部验关

通道，全员上岗，快速消化下船旅客。皇家加勒比邮轮船务（中国）有限公司首席港口运营官童剑锋表示，本来可能计划要用5～6个小时下船的时间，现在实际上下午在3个小时之内就完成了离船工作，整个航次虽然受到了延误，但得到了政府各方面以及邮轮码头的大力支持，客人对于延误也是表示理解，整体运营也相当平稳。

3月31日晚7点多，另一波准备坐“千禧年号”邮轮离港的旅客又相继到达，为了加快上船速度，减少延误给旅客带来的影响，上海边检再次打开全部验关通道，现场也未排起长队。上海边检总站浦江边检站副队长郭俊告诉看看新闻（Knews）记者：出镜旅客大概也有2 200余人次，我们也是同样用双边通关的模式，开足了22个通道，原来是单边通关的，等于是增加了一倍的验证的前台。按照计划，“千禧年号”将于4月2日凌晨离港。

（资料来源：洪焕铨.大雾致多班邮轮取消延误　多部门联合协助旅客.http://www.kankanews.com/a/2018-04-02/0038390727.shtml）

问题思考：

1. 请梳理一下受到大雾影响后，邮轮公司和港口等部门开展了哪些应急方案措施。
2. 请分析，上述邮轮受大雾影响却保持了运营平稳的原因有哪些。
3. 从部门联动合作角度，邮轮应急预案能够快速有效开展需要哪些优化和完善？

案例三　抵深邮轮歌诗达“威尼斯号”排除新型冠状病毒感染风险

邮轮歌诗达“威尼斯号”于2020年1月21日从深圳蛇口邮轮母港出发赴越南进行六天五夜往返航程，原定于26日到达深圳蛇口母港，船上有旅客4 973名、船员1 249名，其中湖北籍旅客414名。对于这一情况，广东省委主要领导高度重视，立即做出批示，深圳市委市政府主要领导连夜落实批示精神，亲自部署落实。市政府立即制定相关处置工作方案并全面做细做实，按照有关要求采取断然措施，在现场设立指挥部，确保不扩散、不传播，妥善安排相关人员，确保绝对安全，万无一失。

在深圳市委、市政府指挥下，南山区委区政府、市卫健委、市文体旅游局、市交通运输局、海关、边检、蛇口邮轮母港、邮轮公司等第一时间成立应急处置工作组，启动应急预案。鉴于船上人员多、空间密闭等情况，决定该邮轮乘客不下船，由专业人员登船进行排查检测。

1 月 26 日早上 7 时，深圳市疾控中心和海关检验检疫人员乘摆渡船登上邮轮，对全体乘客和船员逐一测量体温并进行筛查，共筛查出 4 例发热病例，均为女性，其中包括 3 名儿童。此外，早前邮轮公司申报有 9 人在船上曾经出现发热，登船的专业人员现场测量其体温，发现 9 人体温已正常。专业人员随后对 4 例发热病例和 9 例曾发热病例进行采样，并立即将 13 份样本送至深圳市疾控中心和南山区疾控中心实验室检测，13 份送检样本检测结果均为阴性，排除新型冠状病毒感染肺炎。经过排查，船上 4 973 名游客中，有武汉旅游史、居住史和接触史的人员为 148 人，这 148 名旅客按规定将进行集中隔离和医学观察。26 日晚，应急处置工作组组织乘客有序下船。原计划准备登船出游的 5 155 人全部取消了航程并实现退票。

（资料来源：成颖迪.抵深邮轮歌诗达"威尼斯号"排除新型冠状病毒感染风险. http://shenzhen.sina.com.cn/news/zh/2020-01-26/detail-iihnzhha4790433.shtml）

问题思考：

1. 请梳理一下受到疫情影响，邮轮公司、邮轮港口和相关部门开展了哪些应急方案措施。
2. 请分析，上述邮轮最后选择取消航程的原因有哪些。
3. 从部门联动合作角度，邮轮应急处置工作组能够快速有效开展需要哪些优化和完善？

案例四　上海海事部门组织"超宽交会"保障邮轮安全准点靠泊

中新网上海电（王子涛、王成兵、陈珂），2019 年 8 月 6 日，上海吴淞口国际邮轮港迎来五天内第二次邮轮的"三船同靠"，"海洋光谱号""盛世公主号"和地中海"辉煌号"先后安全准点靠泊码头，本次上下船游客共计 2.76 万

人，持续近日里暑期的大客流。辖区所在吴淞海事局、宝山海事局采取三艘邮轮集中进出口、集中靠泊码头等举措，全力保障本次邮轮进口和靠离泊，大幅提升了辖区水域的通航效率，服务暑期旅客出行高峰。

为保证三船同靠的顺利进行，吴淞海事局提前一天与船方、引航站等确认各艘邮轮靠离泊时间，按照邮轮“五优先”工作机制，优先在长江口深水航道交通管制时间给予编队时间，因三艘邮轮在深水航道内要与大型集装箱船进行双向交会，吴淞海事局提前联系确认船舶交会时间和交会水域，按照邮轮“3A”工作法“Anywhere、Anytime、Anything”，在监管手段、重点护航、专属航路等方面为邮轮提供“无处不在、无时不有、无微不至”的升级服务，指挥中心制定计划安排三艘邮轮集中依次进出口。

邮轮进入吴淞海事局辖区后，指挥中心对船舶进行重点标识、重点监控，并提前部署好邮轮重点护航计划，指派 2 艘海事巡逻艇在圆圆沙警戒区和吴淞口警戒区等重点水域进行护航，通过指挥中心与巡逻艇“线上＋线下”联动，全方位、立体式服务国际邮轮，从凌晨 5 时 45 分开始不到 1 个半小时的时间内，三艘邮轮先后安全准点靠泊在吴淞口国际邮轮港。吴淞海事局此次采取三艘邮轮集中进出口、集中靠泊码头等举措，大幅提升了辖区水域的通航效率，有效减少了邮轮航行对集装箱船和其他船舶的影响，从而进一步满足航运市场高效运转的市场需求。

为保障三艘邮轮安全准点靠泊，辖区所在宝山海事局周密部署，全力打造责任链、编织安全网。前期主动对接邮轮港公司，及时掌握邮轮动态信息，联合辖区应急力量，在海事责任层层落实的基础上，确保企业安全生产主体责任落实到位。深入总结上一次“三邮同靠”护航经验，进一步完善邮轮护航方案和应急预案。加大巡逻艇巡航频次，由科级干部一线带队，对邮轮港水域进行全面巡视，扫清安全隐患，确保邮轮安全准点和安全通行。据了解，时值暑期旅游高峰期，邮轮旅客数也屡创新高，邮轮产业迎来高速发展的同时，邮轮的安全和准点情况也在经受考验。

（资料来源：中国新闻网.上海海事部门组织“超宽交会”保障邮轮安全准点靠泊.https://baijiahao.baidu.com/s? id＝1641128910893303309&wfr＝spider&for＝pc）

问题思考：

1. 请梳理一下本次“超宽交会”保障活动中，邮轮公司、邮轮港口和相关部门开展了哪些应急方案措施。
2. 请设想一下，未来四船同靠情形下，目前的“超宽交会”保障还有哪些可以进行优化和完善。
3. 从部门联动合作角度，要能够持续快速有效开展四船同靠需要哪些合作和联动升级？

第二节　邮轮消防与演习

学习目标及要求

- **专业英语词汇**

  消防部署：fire deployment

  人员保护设备：personnel protection equipment

  自动灭火系统：automatic fire extinguishing system

  消防报警信号：fire alarm signal

- **学习目标**

  了解邮轮消防演习的重大意义。

- **学习重点难点**

  掌握各种固定式灭火系统的工作原理；掌握测爆仪、测度仪与测氧仪的操作方法。

案例一　“北冕号”南极邮轮起火事故

阿根廷时间 2015 年 11 月 18 日，一艘南极游邮轮庞洛“北冕号”在南大西洋海上起火，船体侧倾，257 名船员和游客遇险。游客中有 100 多名中国人。此次遇险的邮轮“北冕号”属于法国庞洛邮轮公司。公开资料显示，“北冕号”下水时间为 2011 年，载客量为 264 人，有 132 间客舱，船长为 142 米，

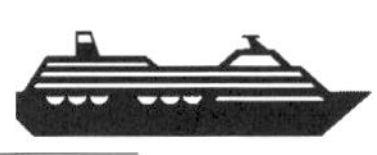

总吨位为10 944吨。阿根廷当地时间11月18日，该邮轮引擎室内发生了起火技术故障。

事故发生后，船方迅速采取疏导、救援措施，呼叫国际救援，同时将游客分批安置到救生船及救生筏上，放到海上避险，“事故得到控制，船上没有任何乘客和船员受伤。”德迈国际旅行机构称。船上游客参加的是11月12日至12月3日的南极三岛旅行，包括福克兰群岛、南乔治亚岛和南极半岛，中国游客费用为每人14.9万元起。按照行程安排，这些游客先从国内出发去往布宜诺斯艾利斯，再通过海上航行到达福克兰群岛，再到南乔治亚岛，最后到达南极半岛后，穿越德雷克海峡，再经布宜诺斯艾利斯回到国内。而“北冕号”事故正发生在旅行的初始阶段。

“北冕号”遇险后，驻扎在马岛的英军派出飞机、拖船参与营救，附近的“南冠号”邮轮开往事发地点参与救援，被救乘客分散安置在“南冠号”邮轮及军方巡逻艇上。据媒体报道，驻扎在马岛的英军接报，出动直升机、多架飞机和拖船展开救援，成功从甲板及海面的救生筏上救起79人。皇家海军“克莱德号”巡逻艇也从另外两艘救生筏上救起两百多人。附近的“南冠号”邮轮开往事发地点参与救援，“南冠号”邮轮同属于法国的庞洛邮轮公司。巧合的是，“南冠号”邮轮上也有大批中国游客，由北京恒众国际旅行社组织。

恒众国际旅行社总经理张瑛向澎湃新闻证实，自己随客人一起在“南冠号”邮轮上，他们从阿根廷当地时间19日凌晨1点开始参与救援，一直到19日14点左右，共救起257名游客；船上的中国游客纷纷将自己的舱房腾出来，给被救上船的游客休息。据《北京青年报》采访到“南冠号”邮轮上一位中国游客缪先生回忆，在他们邮轮赶往事发地点之前，已有军船赶到事发现场，但难以靠近事发船只，“救生艇都擦破了”。“之后派了几架直升机参与救援，但是直升机容量有限，每次载不了几个人”。缪先生表示，他们船只到达后，配合各方面全力开展救援，“让‘北冕号’游客的救生艇向我们‘南冠号’靠近，然后一个个转移，最后将257名游客和船员全部接到‘南冠号’上。”缪先生表示，“万幸事情是发生在风浪不大的福克兰岛周围，如果是在大浪区，问题就严重了”。“他们在海上漂了近10个小时，看起来身体和精神不太好”，缪先生补充说。“南冠号”上的旅游组织方表示，接到257名游客后，他们旅行团成员腾出40间舱房供获救游客使用，还自发捐出衣袜给获救乘客更换。

阿根廷时间 2015 年 11 月 19 日 7 时，将“北冕号”游客救起后，“南冠号”已更改航线，将 257 名获救人员送往福克兰首府斯坦利港，并被安排入住当地公共设施及居民家中。在获悉部分“北冕号”中国旅客将经智利转机继续旅程后，中国驻智利使馆立即启动领保应急机制，争取到智利移民及出入境管理局特批的过境许可，并委托领事部主任于洋等同当地侨领一道携食品、必备药品抵圣地亚哥机场协助我同胞过境转机。来自内地和中国香港共 47 名遇险游客在工作小组协助下顺利中转。

（资料来源：杜津.南极邮轮起火百余中国游客遇险，英阿两军舰机救援. https://www.guancha.cn/Neighbors/2015_11_20_342056.shtml，2015-11-20 ）

问题思考：

1. 本案例中的起火事故发生的成因条件都有哪些？
2. 本案例中相关的救援主体分别承担了哪些方面的责任和义务？
3. 从本案例中你得到哪些启示？

案例二　日本横滨邮轮起火　30 多辆消防车前往灭火

2020 年 6 月 16 日，据日本 NHK 报道，停靠在横滨港的大型邮轮“飞鸟 2 号”出现火情。船体顶部冒出大量黑烟，暂无人员伤亡报告。

“飞鸟 2 号”隶属于日本邮船子公司 NYK Cruises，全长 241 米，宽 29.6 米，50 142 总吨，是目前日本最大的豪华邮轮。由三菱重工长崎造船于 1996 年建造，共有 436 间客舱，可以容纳 872 名乘客以及约 470 名船员。受新冠肺炎疫情影响，“飞鸟 2 号”取消了原本的航行计划，自 2020 年 4 月 1 日起一直停靠在横滨港。事发时船上没有乘客，大约有 100 名船员。

据船舶公司介绍称，火势从船体顶部的物资堆放点冒出，横滨消防部门接报后出动了超过 30 辆消防车前往灭火。此外，海上安保部门也派出了巡视艇，帮助灭火，当地警方正在对详细情况进行调查。

（资料来源：葛蕾.日本横滨邮轮起火冒黑烟，30 多辆消防车灭火.

http://ocean.china.com.cn/2020-06/16/content_76169697.htm，2020-06-16）

问题思考：

1. 当邮轮发生事故，邮轮上的船员应该如何实施应急部署与应急反应？

2. 简要阐述邮轮上的消防应急计划有哪些。

3. 邮轮火灾发生时，乘客在逃生过程中有哪些注意事项？

案例三　豪华邮轮大规模人员转移应急演习在上海成功举行

2019 年 6 月 24 日，为提高邮轮应急搜救的保障能力，保障邮轮产业快速安全发展，上海海上搜救中心在上海吴淞口锚地水域举行“2019 年国际邮轮大规模人员转移应急演习”。共有 31 艘各类船艇、3 架飞机、190 余名志愿者参加本次演习，上海市委常委、常务副市长、上海海上搜救中心主任陈寅担任演习总指挥。

随着演习总指挥一声令下，“苏州号”释放烟雾信号，演习正式开始，第一批撤离人员在“苏州号”轮船员的协助下，从船上有序撤离。上午 11 点，演习正式开始。在吴淞口锚地水域，一艘集装箱船操作不当，撞上了一艘名为“苏州号”的邮轮，导致邮轮船体破损进水并发生倾斜。邮轮上被困人员达到 1 500 名，2 人受伤、10 人落水；全方位的救援行动立即展开。“苏州号”邮轮迅速抛设救生筏，放下逃生软梯。与此同时，正在附近海域的三艘船舶先后赶到事发地，其中，“海鑫 611 轮”首先向“苏州号”并靠，接应遇险旅客。其余两艘船舶则分别向邮轮和集装箱靠拢，等待下一步救援指令。约 15 分钟后，第一批游客从软梯安全撤离。此时，船员们也迅速搭设好了邮轮与救援船之间的临时通道，约 500 名邮轮旅客在有序指挥下顺利脱险。随着首批船舶完成应急救援后，由海事、救助、打捞、海警、渔政、公安志等专业搜救力量也迅速集结，赶赴事发海域，通过各种方式积极营救落水人员。

东海第一救助飞行队的直升机赶到现场后，迅速对落水人员进行吊运救援。在白天的海面搜救中，直升机具有速度快、机动灵活的特点，搜救优势明显。而东海救直升机也被誉为全球最佳救助直升机，可一次搭载 14 人、放置3副担架。与此同时，公安警航队的直升飞机，则顺利将邮轮上一名突发疾病的乘客救出，进行转运。本次演习共有31艘各类船艇、3架飞机参加，全面考验人员转移撤离的应急反应能力。上海分公司参演人员作为最后一批撤离分组，正在接受撤离前的安全检查，“苏州号”轮船员认真检查撤离人员的救生衣穿着，并按要求做好相关安全提示。全体参演的分公司人员，安全有序地撤离至“东海救102”轮。大家克服了炎热的天气，按照规程从警报发出起就在集结地点穿着救生衣，等待撤离指令。随着所有人员安全撤离，全体参演船舶、飞机及人员编队通过演习指挥船。演习总指挥上海市委常委、常务副市长、上海海上搜救中心主任陈寅同志宣布演习结束。

（资料来源：新闻透视.豪华邮轮大规模人员转移应急演习在上海成功举行. https://www.sohu.com/a/322728026_624484）

问题思考：

1. 请分析一下邮轮应急演习的作用和意义。
2. 梳理一下本次邮轮人员转移的应急演习中涉及哪些部门和相关工作。
3. 从邮轮乘客角度，在面对邮轮登船救生演习过程中，有哪些注意事项？

案例四　美国豪华邮轮着火致3 000游客海上大逃亡

2013年5月27日，豪华邮轮凌晨起火，上千名乘客被迫弃船登上救生艇，船员分发氧气面罩和救生衣。人群陷入恐惧，有人呕吐、哭泣、昏厥……美国豪华邮轮“海洋富丽号”27日凌晨的一场大火恰似电影《泰坦尼克号》的真实再现。幸运的是，尽管这艘豪华邮轮的后部被全部烧毁，但3 000多名乘客和工作人员无人受伤，连困在邮轮装配站长达四小时的游客也成功脱险。

据皇家加勒比国际邮轮公司称，“海洋富丽号”的火灾于当地时间凌晨2:50时发生，在两小时内扑灭，船上2 224名游客以及796名工作人员全部及时逃生。公司声明表示，“海洋富丽号”24日从美国巴尔的摩启航，展开7夜的航程。这艘长280米的邮轮27日航向巴哈马的可可岛时，船只靠港部位起火，事后被迫停靠巴哈马的自由港。目前事故原因尚在调查中，美国国家交通安全委员会在 Twitter 上称，将与海岸警卫队一起调查火灾起因。

“海洋富丽号”邮轮是国际邮轮行业中最早获得国际权威机构 Det Norske Veritas“安全、环保证书 SEP”的邮轮。该船由芬兰造船厂建造，总造价逾十亿美元。1996 年该船进行了首航，最大载客量为 2 446 人，总吨位约 74 000 吨，船长 916 英尺，宽度为 106 英尺，吃水深度 25 英尺，平均航速达到 22 节，共有 11 层楼层。

事发时，邮轮上有 2 224 名乘客、796 名工作人员。大火烧起来的时候，大部分乘客都在睡觉，工作人员叫醒乘客，并要求他们穿上救生衣，戴上氧气面罩，到指定的甲板集合，搭乘逃生小艇安全撤离。只有两名乘客因惊吓昏倒，一人有血压升高的迹象，另外一人则是在疏散过程中腿部抽筋，并无大碍。

乘客科尔曼称：“这是我遇到的最恐怖的事情。当救生艇被下降到水中，甲板上一片慌乱。”乘客沃伦说：“邮轮的甲板被烧得一片焦黑，看起来相当吓人。我一开始以为船要沉了。船员一直狂吼，叫我们赶快穿上救生衣。有人吐了，有人在哭，好多人瞪大了眼睛四处张望，惊恐全写在脸上。”乘客艾伦则表示，当时的情景简直就是电影《泰坦尼克号》的真实再现。

该公司说，火势在两小时内被扑灭，邮轮也被导向停靠自由港。事故没有造成人员伤亡，起火原因目前仍然不清楚。美国国家交通安全委员会在 Twitter 上称，将与海岸警卫队一起调查火灾起因。任职消防员的乘客戈斯称，有些客舱淹水了，走廊几乎整个早上都有烟味。但他赞赏所有工作人员的努力，称他们整夜未眠，一直处于紧急模式，面带微笑地为乘客提供食物和饮料。由于邮轮受损，接下来的行程已经取消。公司为所有乘客安排 28 日的飞机航班，以返回出发地点巴尔的摩。旅客都可以获得船票的全额退费，并且领到一张未来的船票。

这艘“海洋富丽号”是由全球第二大邮轮公司精心打造的梦幻度假邮轮。2012 年 5 月才大幅改装过，船上的休闲娱乐场所主要有：双层 3D 电影院，图书馆，卡拉 OK，篮球场，2 个游泳池，6 个按摩池，模拟高尔夫球场，慢跑道，攀岩墙，SPA 护肤美容中心，流行服饰专卖店，海景健身中心，麻将扑克室，海景网络咖啡馆，专为单身旅行者设立的单身俱乐部。

“海洋富丽号”邮轮上的其他乘客服务包括：24 小时客舱服务，每天傍晚整理床铺，日用品店，免税精品店，美容院，干湿洗衣服务，岸上观光，邮政服务，保险箱，每日电讯及体育消息，保姆，宗教礼拜，电讯中心，可通卫星电话，上网。此外，船上还有完善的会议设施，如一个会议中心，7 个预备会议室，配备有 TV、VC 邮轮救生与应急反应 R、投影机、幻灯片播放机、演讲台、麦克风、VCD 播放机、黑板等会议设备一应俱全。

（资料来源：钟晓雯.美国豪华邮轮着火，3000 游客海上大逃亡.https://www.guancha.cn/america/2013_05_29_147902.shtml，2013-05-29）

问题思考：

1. 从本案例看邮轮火灾事故发生的原因有哪些？
2. 邮轮火灾事故的预防措施有哪些？
3. 你认为，邮轮火灾发生时，还可以通过哪些方式开展迅速求救和逃生？

第七章　邮轮救生设备

第一节　个人救生设备

学习目标及要求

- **专业英语词汇**

  安全救生演习:safety rescue drill

  个人救生设备:personal lifesaving equipment

  应急部署:emergency arrangement

- **学习目标**

  了解邮轮个人救生设备的种类和使用。

- **学习重点难点**

  救生设备的正确选择,救生设备的使用要点。

案例一　泰国两船同沉,一艘全部获救一艘伤亡惨重

2018 年 7 月 5 日 17 时 45 分左右,“凤凰号”和“艾莎公主号”在泰国普吉岛附近海域突遇特大暴风雨,船只发生倾覆并沉没。“凤凰号”上载有 101 人,其中游客 89 人,87 人为中国籍。“艾莎公主号”载有 42 人,其中包括 35

名乘客、5 名船员、1 名导游和 1 名摄影师。事故最终导致 47 名游客遇难，遇难人员均来自“凤凰号”。

2018 年 12 月 17 日晚间，泰国警方公布了对沉船“凤凰号”的最新调查结果。结果显示，“凤凰号”船体在设计、建造等多方面“不合格”。按照标准，“凤凰号”本应有四扇水密门，但实际上只有一扇；此外，窗户本应该使用船用窗，游客遇到紧急情况可以击碎玻璃逃生。由于“凤凰号”在这些方面都不达标，导致遇难者被困船舱。值得注意的是，“凤凰号”的游客在弃船求生时，约 20 人根本没有穿上救生衣。

事故发生后，从“艾莎公主号”幸存者口中得知：“艾莎公主号”的游客都穿着救生衣；在船发生危险时，工作人员及时通知大家去甲板上，然后大叫“跳船”；落水的游客相互帮助逃到救生船上；旅行社及时派出救援船。而“凤凰号”幸存者口中却截然相反，没有人要求乘客穿救生衣(据说上船时救生衣很湿)；在船发生危险时，许多人还在 2 楼封闭的 KTV 里，根本没人通知他们去甲板，有幸运的被冲了出去，或者打碎玻璃逃生，可很多人还来不及反应就被困在了船舱里。一开始船员还叫他们待在船舱里，直到最后才让他们跑，经验丰富的船员全部逃生，但是游客却死伤惨重。

(资料来源：赵亚萍.泰游船倾覆已超 40 小时 沉船中找到生还者机会渺茫. https://news.163.com/18/0707/13/DM46B5BE000187VE.html，2018-07-07)

问题思考：

1. 对比两艘船在沉船时的做法能得到什么救生启示？
2. 请谈谈救生衣的正确使用时间和使用方式。

案例二　意大利邮轮侧翻　男子将救生衣给妻子自己被冻死

2012 年 1 月 13 日晚间，歌诗达“康科迪亚号”邮轮载着乘客和船员共 4 229人，从意大利的奇维塔韦基亚起航，开始了为期七天的地中海航行。但行驶过程中，“康科迪亚号”船长命令偏离计划航线航行，21 点 45 分，左舷撞到暗礁后搁浅。21 点 50 分船身开始倾斜。船体左侧损坏导致进水倾斜，柴油发电机组爆炸导致船舶失去动力，造成引擎和操舵系统出现问题，电力时断时续。但船长向乘客隐瞒真相，耽误了疏散时间。在手下人的催促下，船长斯凯蒂诺于 22 点 10 分发出弃船信号。而船长不仅未在失职后尽力挽回，反而丢下乘客和船员率先弃船逃跑，随后被媒体称为“逃跑船长”。事故造成 33 人死亡，其中乘客和船员共 32 人，救援人员 1 人。

英国《每日邮报》于 1 月 16 日报道了一条感人的新闻，事故中出现一位如同《泰坦尼克号》主人公杰克的男子，在危难关头将仅有的救生衣留给了爱妻，妻子得以在海水中幸存，自己则沉入了冰冷的海底。

（资料来源：杨华龙.意大利邮轮事故中一男子将救生衣留给妻子，自己被冻死.http://news.cntv.cn/20120119/116768.shtml，2012-01-19）

问题思考：

1. 船长在做出不利于邮轮安全的决策时，相关工作人员应该怎么做？
2. 简述个人救生时为什么要保证救生服的保温性。

案例三　“蓝宝石公主号”两年内两名游客泳池溺水

2015 年 8 月 5 日下午 2 时许，一名 8 岁小女孩在“蓝宝石公主号”邮轮上游泳时不幸溺水，8 月 6 日，邮轮返回上海后，这名女孩被送往医院抢救，但至今依然昏迷，成了“植物人”。

事故发生后，家属质疑船上为何不配备救生员，船方答复，船上《公主日报》上有相应提示，船上泳池不配备救生员，儿童下水须有大人陪同。而根据英国健康与安全执行组织制定的《游泳池健康和安全管理指南》，建议水深超 1.5 米的泳池或有 15 岁以下无人陪伴的儿童进入泳池须配备救生员监管，但“蓝宝石公主号”邮轮非但未在泳池区域配备救生员，还在泳池边设置了饮酒吧台，明显对游客生命安全持漠视态度。同时，邮轮也未在泳池边配置打捞杆、救生圈、救生绳等救生器材。原告代理律师杨维江认为，在本案事故发生一年前的 2014 年 8 月，在“蓝宝石公主号”邮轮同一艘船上，曾发生过 29 岁的成年游客溺水死亡事故，但被告事后未对安保措施做任何整改，以防止极端事故再次发生。

（资料来源：千帆.邮轮“蓝宝石公主号”又生意外 8 岁女孩泳池内溺水. https://china.huanqiu.com/article/9CaKrnJOk2C，2015-08-08）

问题思考：

1. 你认为邮轮上游泳池是否应该必备救生员及救生器材？
2. 泳池发现有溺水事件时应做出什么应急措施？
3. 你认为，邮轮上的游泳池与普通游泳池在应急救生方面有哪些区别？

案例四　匈牙利两游船相撞　旅行团团员均未穿上救生衣

当地时间 2019 年 5 月 29 日晚，匈牙利首都布达佩斯一艘载有韩国游客的观光船，在多瑙河与一艘邮轮相撞后倾覆，沉没游船载有 33 名韩国人和 2 名匈牙利人，事故当时韩国人中有 7 人获救，7 人遇难，19 人失踪。截至目前，仅 7 人获救，韩籍遇难者人数增至 19 人，其余失踪者仍下落不明。目前，打捞营救工作仍在进行之中。由于近日布达佩斯一带下大雨，多瑙河水位上升，水流亦较平常湍急，乘客和船员掉入河中后均被河水冲走，救护人员沿河向下游搜索，搜索范围甚至扩至邻国塞尔维亚。加上水温只有 10～12 摄氏度，当局估计失踪者凶多吉少。韩国外交部表示，肇事观光船备有救生衣，但旅行团团员事发时均没穿上。

韩国外交部表示，按照匈牙利当局规定，观光船乘客可自行决定是否穿上救生衣，有旅行社职员坦言，虽然导游会建议团员穿救生衣，但大部分团员均不会穿上，以免穿着救生衣不方便留影。

（资料来源：丁天.匈牙利游船相撞 7 人死 21 人失踪，事发时乘客未穿救生衣. https://baijiahao. baidu. com/s? id＝1634938873846659519&wfr＝spider&for＝pc，2019-05-30）

问题思考：

1. 你认为可以通过哪些方面提高游客的安全意识？
2. 逃生时落水人员可以携带哪些保温工具？
3. 你认为，因为未穿救生衣导致的人员死亡和受伤损失，谁应该负主要

责任?

案例五　哥伦比亚一邮轮沉没　上船未发放救生衣

当地时间 2017 年 6 月 25 日下午，一艘载有 150 名乘客的游船在哥伦比亚东北部一个水库发生沉没。事故造成至少 9 人死亡、28 人失踪。

发生事故的水库是哥伦比亚东北部临近第二大城市麦德林的佩尼奥尔·瓜塔佩水库。该水库因位于著名的佩尼奥尔·瓜塔佩巨岩脚下而成为一处旅游胜地。

根据目击者上传到网络的手机视频，当时，一艘搭载有 150 名乘客的游船在行驶中突然下沉，水面上游弋的其他游船和摩托艇迅速上前救援，约 15 分钟后出事船只整个沉入水中。哥伦比亚军方在事发后立即出动一架直升机在水库上方进行搜寻。麦德林市也派出救援人员和潜水员在事发水域展开搜救。

据当地媒体报道，沉船原因很可能是超载造成的。另据事故幸存者称，事发船只上并未有准备救生衣和相关救援器材。

（资料来源：赵建东.哥伦比亚游船沉没.https://world.huanqiu.com/article/9CaKrnK3JSX，2017-06-27）

问题思考：

1. 讨论可以通过什么措施提高船方救生器材的配备率。
2. 在没有救生衣的情况下，沉船时落水者如何提高生还率?
3. 你认为，本次案例的邮轮上，救生设备配置和邮轮安全监管方面有哪些需要完善的地方?

第二节　救生艇筏

学习目标及要求

- **专业英语词汇**

  救生艇：lifeboat

  救生筏：life float

  筏的降落区域：the landing area for the raft

- **学习目标**

  了解邮轮救生艇筏的种类及救生艇筏操放的程序。

- **学习重点难点**

  救生艇筏的正确使用时机和方法，相应的安全措施等。

案例一　“泰坦尼克号”重大伤亡的原因

1912 年 4 月 15 日凌晨，在撞上冰山差不多两小时后，这艘当时世界上最大、最豪华、据称最安全的邮轮在处女航途中，船体裂成两半沉入大西洋。

“泰坦尼克号”(RMS Titanic)是一艘奥林匹克级邮轮，由位于爱尔兰岛贝尔法斯特的哈兰德与沃尔夫造船厂兴建，是当时最大的客运轮船。在她的处女航中，“泰坦尼克号”从英国南安普敦出发，途经法国瑟堡—奥克特维尔以及爱尔兰昆士敦，计划中的目的地为美国纽约，途中沉没。由于船上没有准备足够的救生艇，超过1 500 人在事故中遇难。“泰坦尼克号”失事，是史上最著名的海难，也是和平时期死伤人数最惨重的海难之一。

“泰坦尼克号”载有 2 227 人出海，撞上冰山后，发出了“喀喳喀喳”的声音。有些好奇的旅客跑到船头，问乘务员，是什么东西发出了“喀喳喀喳”的声音，是不是撞上冰山了？乘务员回答：没事。因此，乘客们没有及时逃生。泰坦尼克号发出 SOS 求救信号弹后，附近有多艘客轮接收到了求救信号，但都以为是玩笑而不予理睬，只有卡帕西亚号坚持到现场。“泰坦尼克号”有 20 艘救生艇，14 艘常规救生艇均可承载 65 人，其余 4 艘折叠艇和紧急救生艇只能坐 40 人，救生艇数量根本不满足逃生需要。同时在船员指挥乘客乘坐救生艇逃生的过程中，很多救生艇在慌乱中就被放入海中，并没有满载。当时的航海界都认为如果救生艇满载人员放下去的话，会造成损坏甚至倾覆。泰坦尼克号的救生艇设计得很结实，但是船员们不知道这一点。结果可以搭载 1 178 人的救生艇，只上去了 651 人。这些原因最终酿下了超过 1 500 人遇难的惨剧。

（资料来源：陈彤旭.美国媒体在泰坦尼克号沉船事件报道中的得与失. http://www.xixik.com/content/d1234297079f0753，2012-6-11）

问题思考：

1. 船舶发生碰撞事故之后，什么因素会影响乘客的生还率？
2. 弃船时，应如何安排使用救生艇才能最有效地救助？
3. 在上述案例中，船舶发生碰撞事故后，救生艇的使用上有哪些问题导致了惨剧的发生？

案例二　“海洋和谐号”安全演习中救生艇坠落

当地时间 2016 年 9 月 13 日，在法国马赛，全球最大豪华邮轮“海洋和谐号”在法国马赛港发生事故，一条救生艇从邮轮上脱落，造成 1 人死亡、4 人受伤。

据外媒报道，当地时间 13 日，全球最大豪华邮轮“海洋和谐号”在停靠法国马赛期间发生安全事故，造成一名菲律宾籍船员死亡。法国检方 14 日表示，人为失误或为引发这起事故的原因。

“海洋和谐号”于 13 日停靠马赛，并举行安全演习，其间邮轮的救生艇突然同邮轮“分离”，当时救生艇内有 5 名船员。救生艇突然从第五层甲板，约 10 米高处坠落，造成一名 42 岁菲律宾船员死亡，另有 4 人受伤，其中 2 人伤情严重。

（资料来源：靳松.法国检方：“海洋和谐号”事故或为人为失误引发. http://news. cri. cn/20160914/5ca08d1c-6383-bb1c-2968-6e2add70e46e. html，2016-09-14）

问题思考：

1. 工作人员可采用什么装置或措施保证救生艇的成功降落？

2. 讨论如何提高安全演习的安全性。

案例三　邮轮救生艇钢丝腐蚀高处坠海造成五名船员死亡

当地时间2013年2月10日，在马耳他注册的“Thomson Majesty号”邮轮在西班牙拉帕马附近的港口靠泊。当全体船员正在进行救生艇安全演习时，3艘救生艇从高处坠海。马耳他海事局安全调查部门发布了一则安全通告，通告称：“把第9号救生艇复原并吊起的时候，前面的电缆突然断开，造成该船尾钩晃动。当船大约与水平线保持45°时，船尾和尾钩脱落并从20米处高坠落入海并且在入水时整个倾翻。”

其中一名船员在船入海时被抛出去，另外两名船员从倾覆的船中成功挣脱出来。其余五名船员随后在现场证实已经死亡。经调查，此次救生艇坠海是由于救生艇的钢丝腐蚀，在演习过程中突然折断。事故最终造成五人死亡。

（资料来源：zhouxu.英邮轮应急演习出意外，救生艇坠海致8人死伤.https://world.huanqiu.com/article/9CaKrnJzgbI，2013-02-12）

问题思考：

1. 有哪些安全检查可以避免此类事故发生？

2. 船员突遇救生艇坠海事件应如何自救？

案例四　豪华邮轮擦碰船体破裂

歌诗达邮轮返沪途中遭“剖腹”，与“楼兰永恒号”货轮发生碰擦

晚报记者范献丰、钱朱建于2010年10月19日报道，“随着一阵猛烈撞击，大家从睡梦中惊醒，不少人穿着睡衣跑出船舱”。18日凌晨4:45，歌诗达“经典号”邮轮从韩国济州岛返回上海途中，与同向航行的比利时籍“楼兰永

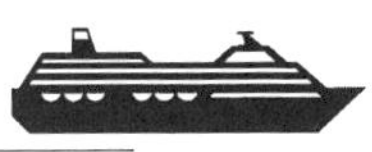

恒号"货轮发生擦碰，船体侧面留下一条长长的破损面，所幸事故未造成重大人员伤亡。据悉，事故涉及的歌诗达航线为上海—济州岛—上海航线，19日上午10点左右，邮轮返回上海并安全靠港。到19日下午4点左右，船上大部分游客已经离开事故船只，但仍有少数人因赔偿问题不肯下船。20日上午，记者赶往外高桥海通码头，码头已经一片平静。据保安介绍，这艘邮轮已于20日上午7:30左右离开，驶往长兴岛进行维修。

乘客回忆穿着睡衣拖鞋惊恐奔逃

一名撞船事件亲历者孙先生说，这艘邮轮可搭载1 600人，当时船上约有1 100多名乘客，其中多为中国乘客，也包括一些美国和加拿大乘客。"事发时是凌晨，大家睡得正香。"孙先生说，睡在床上的他突然被一阵剧烈的抖动震醒过来，随后便是巨大的声响，房间里很多东西纷纷掉落。一时间，邮轮内乱作一团，船上的警笛声也拉响了，游客们穿着睡衣和拖鞋奔逃出来，大家脸上都是惊恐的表情。孙先生住的是海景房，他在模糊中看到一艘很大的船，离"经典号"很近。来不及多想，孙先生连忙打开房门，他发现很多游客身穿桔黄色救生衣奔向楼道。此时，"经典号"船员身穿救生衣在船内电梯及楼道处，指挥游客往9楼游戏厅撤离，那里放置着救生艇。游客们手忙脚乱，声音嘈杂，很多人根本听不清船上广播里的提示，也不知道到底发生了什么状况。"非常恐惧，多名女子已经哭出声了。"孙先生说，大家都是第一次碰到这种情况，不少人甚至做好了和这个世界告别的打算。根据当时船内电视显示，出事时，"经典号"行程约超80%，离上海不远了，有人尝试着用手机拨打110报警，电话接通后，游客向警方求助，焦急等待了1个多小时，船方才表示邮轮已经安全，游客可以返回房间。

损毁情况为右侧被撕开20多米

接到事故报告后，上海海事局立即启动应急预案，组织吴淞VTS全程监控，指派"海巡102""海巡103""海巡1006"轮赶往现场进行安全维护，并调派"海港18""海港21"到现场伴航，同时安排"楼兰永恒"至吴淞口6号锚地锚泊，而歌诗达"经典号"邮轮则抵靠外高桥海通码头。上海市海事部门表示，与歌诗达"经典号"发生擦碰的是同向行驶的比利时籍货船"楼兰永恒号"轮。据悉，该货轮自重10万吨以上，而"经典号"自重仅为5.3万吨，相撞后，"经典号"右边船体五六楼处被撞开两条约20米的口子。其中5层的海景房中七八间房屋窗户被完全撞坏，6层处的船体也有明显拉痕，导致船内

6 层部分房间地板出现开裂。19 日下午，记者在外高桥海通码头看到，右侧船身被撕裂开了一道 20 多米长的口子，并牵涉 11 个圆形舷窗，舷窗的结构遭到了严重破坏，可以清晰地看到里面的建筑结构。据海事部门初步检查，因主机跳电的机械故障而引起船体短时间失控，导致与同向的比利时货轮发生船体碰撞。目前，原因还有待进一步调查。事发后，"经典号"邮轮只得暂时停航，原本 18 日要出发往中国香港的航程也被迫取消。据了解，此前已经有 1300 多名游客报名原本应该 18 日出发的上海至中国香港航次。由于被取消的航次是特别航次，因此根本无法改签其他航程，且歌诗达其他相关同线邮轮也已经客满，无法调度，这些游客将退票并获得一定赔偿。

（资料来源：黄海. 豪华邮轮擦碰船体破裂　乘客着睡衣拖鞋奔逃. http://news.sohu.com/20101019/n275990566.shtml，2010-10-19）

问题思考：

1. 在发生船体碰撞后，相关部门采取了哪些及时有效的行动？
2. 讨论在组织游客逃生过程中，涉及哪些逃生设备和逃生救援活动。
3. 讨论此次事故应急处置中存在的主要问题。

第三节　其他救生设备

学习目标及要求

- **专业英语词汇**

  高压细水雾系统：high pressure fine water mist system

  消防演习：fire drill　　　　灭火设备 fire fighting equipment

- **学习目标**

  了解邮轮船舶救生设备种类和特点、使用场景。

- **学习重点难点**

  船舶救生设备的要求，正确的使用方法，设备属具的携带。

案例一 美国豪华邮轮机舱大火

2015 年 9 月 7 日，“Carnival Liberty 号”豪华邮轮停靠在美国圣托马斯岛时机舱突发大火。当地时间 11 时 33 分，位于机舱后部的四号发电机燃油低压警报和火灾警报相继响起，听到警报后，二管轮一分钟内启动高压细水雾灭火系统，大管轮迅速启动位于机舱前部的 2 号发电机，并将 4 号发电机负荷转移到 2 号发电机。此时，轮机长下令关闭 4～6 号发电机的燃润油速闭阀。11 时 37 分，机舱人员将机舱后部区域通风全部关闭。

因火势太大，高压细水雾系统无法将大火扑灭。船长迅速下令按应变部署表疏散乘客。并令轮机长立即召集机舱人员集合，确认所有机舱人员撤离机舱后，释放二氧化碳，并最终把大火扑灭。

NTSB 表示，在此次火灾事件中，机舱人员应变非常迅速，但是他们忽略了高压细水雾灭火系统的局限性，在同一时间内，此系统只能向一个区域提供高压细水雾。然而火灾初期，三管轮却将其系统同时用于两个区域，结果造成了水压不足，未能及时遏制火情。同时船上相关设备存在一些故障，如 CO_2 管系上的液控截止阀已无法靠液压驱动，只能人为手动打开。还有综合应急显示屏的故障，致使船员无法迅速做出正确判断。

（案例来源：钟晓雯.美国豪华邮轮着火，3 000 游客海上大逃亡.https://www.guancha.cn/america/2013_05_29_147902.shtml，2013-05-29）

问题思考：

1. 常用的邮轮灭火装置有哪些？
2. 梳理一下邮轮上发生火灾的主要成因有哪些。
3. 邮轮上火灾发生后游客应如何自救？

案例二 “科斯塔阿莱格拉号”发动机室突然起火

当地时间 2012 年 3 月 1 日，在塞舌尔群岛附近海域因起火而失去动力的意大利“科斯塔阿莱格拉号”邮轮被平安拖至塞舌尔首都维多利亚港停靠。邮轮上 1 000 余名乘客中无中国公民。多方安置工作迅速展开。

“科斯塔阿莱格拉号”共搭乘 636 名乘客和 413 名船员。邮轮 27 日行驶至塞舌尔群岛的阿方斯岛附近时，发动机室突然起火，导致发动机失灵，失去动力，在海面漂浮。邮轮随即发出求救信号。

科斯塔公司高级官员乔治·莫雷蒂说，“科斯塔阿莱格拉号”乘客来自 25 个国家，包括 135 名意大利人，127 名法国人，97 名澳大利亚人，90 名瑞士人。2012 年 1 月，同属于“科斯塔阿莱格拉号”邮轮公司的另一艘邮轮“科斯塔康科迪亚号”在意大利吉利奥岛附近海域触礁搁浅，造成至少 25 人死亡。

（资料来源：韩建军. 遭遇火灾失去动力　意大利邮轮成“海上漂”. https://news.qq.com/a/20120229/001258.htm，2012-02-29）

问题思考：

1. 游客听到什么形式的鸣笛，说明邮轮着火？
2. 邮轮在什么情况下应该发送求救信号？
3. 在邮轮突发起火时，船员需要采取哪些救生措施来及时救助和疏散游客？

案例三　美国出动核动力航母救助遇困豪华邮轮

环球网记者梁旭报道，2010 年 11 月 9 日，美国豪华邮轮“嘉年华光辉号”在太平洋墨西哥沿岸遇困，美国海军出动核动力航母“罗纳德里根号”前往救援。路透社报道，9 日晚美国海军表示已出动“罗纳德里根号”航母前往救援遇困的“嘉年华光辉号”邮轮。航母已停在出故障邮轮不远处，美国海军正在为“嘉年华光辉号”运送食品、水和其他必需品。美海军发言人希柯斯表示，已派出直升机为出事邮轮运送救援物资。这些物资将由该邮轮所属嘉年华邮轮公司支付，据估算有 5 000 名机组人员的航母每天费用为 100 万美元。

CNN 报道称，在“罗纳德里根号”航母上载有为“嘉年华光辉号”提供的 27 吨物资，部分已经发送到乘客手中。此前，“罗纳德里根号”航母正在“嘉年华光辉号”出事海域不远处进行演习，接到海岸警卫中心的报警后中断演习前往进行救援。11 月 8 日早，290 米长的“嘉年华光辉号”尾部操作间起火,因此无法航行。目前,在“嘉年华光辉号”邮轮上共有 3 299 名游客和 1 167 名船员。

(资料来源:宋妍.美国出动核动力航母救助遇困豪华邮轮.https://world.huanqiu.com/article/9CaKrnJpddA)

问题思考:

1. 请分析本次出动航母开展邮轮救助的作用和意义。
2. 分析本次开展邮轮救助涉及哪些部门和相关工作。
3. 要在短时间内及时救助人数众多的邮轮乘客,还可以有哪些可以进行优化和完善?

案例四　“精钻探索号”邮轮海上起火

2012 年 3 月 31 日,皇家加勒比国际邮轮公司旗下邮轮“精钻探索号”(Azamara Quest)豪华邮轮,上周一由中国香港出发后,前晚驶往菲律宾马尼拉以南海域时起火并失去动力,5 名船员救火时吸入浓烟不适,其中 1 人情况严重。

“精钻探索号”豪华邮轮周一(3 月 26 日)由中国香港出发,途经马来西亚及印尼等地,全程共 17 晚,原定本月 12 日抵达新加坡终站。邮轮于上周四离开马尼拉后,前晚驶经菲律宾西南部苏禄海(Sulu Sea)海域时,其中一个发动机房突然起火,船员迅速扑熄,但邮轮失去动力,须在海上漂浮。

据邮轮官方网站发布的消息,邮轮机房于晚上起火,但火势很快被扑灭,除了 5 名船员于救火时吸入浓烟不适,其中 1 人情况严重外,船上 590 名乘客及其余 411 名船员均没有受伤,疏散时没有出现混乱。为安全起见,船长曾要求所有乘客准备弃船,不过后来发现没有撤离必要。由于邮轮失去动力,初时要使用紧急电力维持船上供电,后来工程师修复船上其中一个发动机,船上冷气、供水及食物冷藏系统已回复正常。最终船上 2 名港人乘客及 500 多名以欧美客为主的乘客安全。

问题思考：

1. 什么情况下船长应下令弃船逃生？

2. 处理火灾现场时应如何避免被浓烟伤害？

第八章　邮轮卫生管理

第一节　邮轮卫生检查

学习目标及要求

- **专业英语词汇**

  邮轮卫生:cruise health

  群体性疾病:mass disease

  食物中毒:food poisoning

- **学习目标**

  了解邮轮卫生的概念、检查标准;了解邮轮食品安全的标准和法规;掌握预防邮轮突发疾病的措施以及邮轮应急措施。

- **学习重点难点**

  了解邮轮卫生管理规章;熟悉邮轮卫生管理的标准和法规。

案例一　多艘邮轮卫生检疫不过关

目前,由联邦疾病控制和预防中心对美国运营的邮轮分别从水清洁、食品准备、虫害控制、员工健康和卫生以及疾病防治措施等方面进行了检验,其结果显示,2017 年是邮轮卫生状况最糟糕的一年。在受检的 250 艘邮轮中,竟然有 15 艘未通过重要性卫生检查,这一数据在 2016 年时仅仅为 4 艘。

在未通过卫生检查的邮轮中,有 5 艘是嘉年华邮轮,其航线是驶往巴哈马、加勒比海和墨西哥等热门旅行目的地。另据不完全统计,2017 年约有1.6万人在不同的邮轮上曾感染了如诺如病毒、大肠杆菌、肠胃炎等传染性疾病。可见,邮轮的卫生状况有待完善。

(资料来源:波士顿华人资讯网.美国邮轮旅游内幕曝光:“伪豪华”的“囚禁”,卫生差得令人作呕. https://www. sohu. com/a/255928769_100017042,2018-09-25)

问题思考:

1. 邮轮上饮用水储存要求有哪些?
2. 邮轮群体性疾病突发事件处置原则有哪些?

案例二 “海洋独立号”邮轮发生大规模中毒事件

皇家加勒比国际邮轮公司旗下“海洋独立号”邮轮周一(2017 年 2 月 11 日)在佛罗里达州 Fort Lauderdale 港出发,展开六天五夜的海上之旅,前往海地及牙买加。其间发生游客大规模食物中毒,船上载有 5 547 名乘客,332 人疑因诺如病毒导致肠胃不适,出现呕吐及腹泻症状,生病人的比例为5.99%。该船随后于周六(12 月 16 日)返回佛罗里达。

皇家加勒比国际邮轮公司发言人 Owen Torres 发表声明称,患者已经在邮轮上得到了治疗,船上的医疗人员为病人使用了非处方药,希望所有受影响的乘客能够很快康复。但目击者说,船上的医疗人员不足。消息称,周六该邮轮在佛罗里达的 Everglades 港口登陆后,生病乘客的数量相信要比皇家加勒比国际邮轮公司之前说的要多。

邮轮发言人 Torres 说,在下次启航之前,该邮轮将会经过额外的清洁处理程序。“我们鼓励客人和船组人员经常洗手。健康专家建议说,这是对肠胃病毒的最佳防御。每年全球有 3 亿人受感染。”据悉,这是在不到两个星期内皇家加勒比国际邮轮公司发生的第二起类似事件。该公司的“海洋赞礼号”(Ovation of the Seas)于 11 月 23 日从新加坡出发,12 月 7 日返回到悉尼。其间有逾 200 名乘客生病,其中 5 名乘客在澳大利亚被送入医院。目前,美国海岸防卫队也出动处理事件,皇家加勒比国际邮轮公司称已派卫生专家到船上消毒,确保事件不再发生。

(资料来源:国际船舶网,“海洋独立号”邮轮发生大规模食物中毒事故. http://www.zgsyb.com/news.html? aid=428799,2017-12-20)

问题思考:

1. 邮轮上的食品储存应注意什么?
2. 当发现自己食物中毒后,应采取什么措施?
3. 怎样预防食物中毒?

案例三　澳豪华邮轮 60 名乘客食物中毒

一艘停泊在悉尼的豪华邮轮上的乘客称,这艘邮轮是“漂浮的灾难船”,爆发肠胃炎只是他们 12 晚的旅途中所出现的众多问题之一。

P&O 邮轮公司证实,搭乘“太平洋伊甸园号”(Pacific Eden)的 1 500 名乘客从悉尼到凯恩斯,再于圣诞节期间返回悉尼,途中有约 60 人感染诺如病毒病倒,这一数字远高于该公司发言人前天所说的 11 人。这也是该公司买入“太平洋伊甸园号”翻新,并于 11 月 25 日处女航以来,第二次爆发食物中毒事件。邮轮 23 号抵达凯恩斯一带时,爱里克夏就因为感染诺如病毒而在自己的房间里隔离了两天。布彻琳称,虽然在女儿生病期间得到了医疗人员的良好照顾,但对邮轮方面似乎想要推卸食物中毒事件责任的态度,她备感沮丧,并称“整件事情就是个噩梦,我无法向你描述我们对整件事情有多愤怒,简直等不及下船了”。

(资料来源:澳洲新快网.澳豪华邮轮 60 名乘客食物中毒,假期变噩梦. http://news.foodmate.net/2015/12/346334.html,2015-12-29)

问题思考:

1. 邮轮上应该配备哪些医疗设施?

2. 食物中毒的症状有哪些?

案例四　6 人搭乘"黑色守护号"邮轮感染诺瓦克病毒

瑞典首都斯德哥尔摩市一家医院里突然入住了 6 名病人。他们全部出现了类似于肺炎的症状,但是在接受治疗后却又不见起色。经医生多番检查,他们怀疑,患者得了某种传染病,而他们感染的地点正是所搭乘的一艘豪华邮轮。6 人搭乘的邮轮"黑色守护号"(the Black Watch)按原计划返回英国。由于发生小范围疫情,邮轮对船身进行了部分消毒,船上的游泳池等公共设施也出于防范考虑予以关闭。"黑色守护号"是在大约两周前从英国多佛港出发,开始长达 17 天的海上旅程的。船上共有 750 多名乘客,其中多数是英国人,另有 329 名船员。"黑色守护号"所属的船务公司主管温迪・格林希尔 29 日向记者确认了 6 名旅客在船上患病的消息。格林希尔称,他们已经采取防范措施,让船提前两天返回英国。"一旦邮轮返航,我们将会让所有人下船,再彻底清洗和消毒。"

2006 年,这家船务公司下属的另一艘邮轮"黑王子号"曾两次遭遇大范围的传染性疾病的袭击。当年 6 月,"黑王子号"离开爱丁堡,在前往挪威途中发现了诺瓦克病毒,船上 116 名乘客全部被传染。大约一个月后,诺瓦克病毒再次在船上爆发,超过 100 名乘客受到感染。

(资料来源:万艳.英国豪华邮轮发现疫情,6 人入院疑患军团菌病. http://www.chinadaily.com.cn/hqgj/2007-07/31/content_5446177.htm, 2007-07-31)

问题思考:

1. 请简述传染病有哪些类型。
2. 当出现感染传染病患者时,怎样预防传染病的传播?

第二节　邮轮急救

学习目标及要求

- **专业英语词汇**

  邮轮急救:cruise first aid

  急救措施:first aid measures

  注意事项:precautions

- **学习目标**

  了解邮轮急救的概念、原则和目的;掌握邮轮急救措施。

- **学习重点难点**

  掌握突发疾病进行急救的正确时机和方法、相应注意事项等。

案例一　游客突发休克　邮轮掉头返回港口抢救病人

2018年1月29日晚上9时许,“海洋量子号”邮轮上一名游客突发疾病休克。危急时刻,邮轮“掉头”返回港口。宝山检验检疫部门则快速行动,为病人抢救赢得宝贵时间。据了解,当晚9时许,“海洋量子号”邮轮从宝山吴淞口国际邮轮码头出发,开启了一段为期五天的日本游行程。可就在邮轮出港2小时后,船上一名老年游客突发疾病,疼痛难忍,甚至出现了休克的症状,船上的医疗室建议病人赶紧下船治疗。由于当时病人的身体情况已无法承受剧烈搬运,所以,用小型引航船护送病人回港口的方法不可行。本着对生命负责的态度,满载着4 000多名游客的“海洋量子号”决定返回港口。

1月30日凌晨,“海洋量子号”邮轮返回并停泊在吴淞口国际邮轮码头,由于乘客登上邮轮后就属于出境行为,按照我国的相关规定需要进行检疫。宝山检验检疫人员早已准备好,待邮轮靠港后,检疫人员第一时间登轮,开辟绿色通道,以最快的速度展开流行病学调查和医学排查工作。之后,病人由120救护车送往医院救治。初步诊断为急性肾炎伴随败血性休克,目前尚在医院接受观察治疗。

（资料来源：徐驰.老人突发疾病，邮轮返港救命.http://xmwb.xinmin.cn/lab/xmwb/html/2018-02/02/content_10_3.htm，2018-02-02）

问题思考：

1. 患者出现休克后，应采取什么措施？
2. 怎么判断是否发生休克？

案例二 “海洋水手号”邮轮乘客突发意外转送医院

2014 年 8 月 7 日，一名女乘客在“海洋水手号”邮轮上忽然大出血，经过船上初步救治后，被直升机接到济州岛一家医院。该邮轮于 8 月 6 日从上海出发前往济州岛，原定于 7 日登岛。事发前邮轮上医务人员已对这名孕妇情况有一定掌握。皇家加勒比国际邮轮公司工作人员称，根据邮轮的相关规定，孕妇怀孕 24 周以上，通常不建议上船。“如果游客一定要上船，则需要做好备案，并由游客提交一份健康调查报告。”该工作人员称，出现大出血意外的游客，已经怀孕 22 周，此前做过相应备案工作。“考虑到病人情况比较紧急，医生第一步要做的是稳定病人体征。”工作人员介绍，当晚，接到孕妇紧急求助信息后，邮轮医务室的医务人员迅速赶往救治，由于病人失血较多，输血必不可少。于是他们发布广播希望乘客献血，以备船上可能储血不足的情况。最终，船上共有 4 人参与献血，其中 3 人为乘客，另外一人是船员。“由于当时邮轮已经靠近济州岛的港口，考虑到病人孕妇的特殊情况，以及可能出现其他意外，医务人员决定将病人转送到当地医院。”工作人员称，得到信息的济州岛相关医院很快派来一架直升机及随机医务人员，将孕妇接往该医院救治。8 月 13 日，“海洋水手号”邮轮已返回上海港，孕妇及其家人并未随船返回。14 日，这名女游客仍然留在济州岛医院，病情已稳定，并能下床行走，其家人也在医院附近安顿下来。

（资料来源：储静伟.乘客连发意外拷问邮轮急救，邮轮一般免费提供简单诊断.http://sh.eastday.com/m/20140812/u1a8276863.html，2014-8-12）

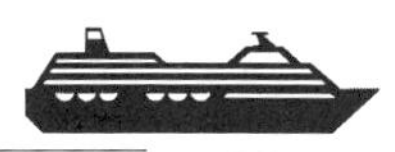

问题思考：

1. 什么样的人群不适宜邮轮旅游？

2. 孕妇坐邮轮有哪些注意事项？

案例三　宝山局为入境邮轮抢救病例开辟绿色通道

2018 年 4 月 17 日晚，"海洋量子号"邮轮上一名旅客突发脑溢血，急需就医。吴淞海事局快速反应，开辟海上绿色通道，为病人的抢救赢得了宝贵的时间。据了解，当晚 11 时许，吴淞海事局指挥中心接到报警，从日本返航至长江口水域豪华邮轮"海洋量子号"上一名旅客不慎摔倒，引发脑溢血，因船上医疗条件有限，须紧急送往医院救治。接到求助后，吴淞海事局立即启动应急预案，开启海上生命绿色通道，优先安排该轮进港，并协调相关船舶"让路"，指派巡逻艇全程护航。

4 月 18 日早上 6 点，"海洋量子号"顺利靠泊吴淞国际邮轮码头。20 分钟后，患者由早已等待在码头的救护车送医救治，目前尚在医院接受观察治疗。

（资料来源：林馥榆.吴淞海事开辟绿色通道紧急救助邮轮急病旅客. http://www.cnr.cn/shanghai/tt/20180419/t20180419_524204559.shtml，2018-04-19）

问题思考：

1. 有人发生胸闷、气短，有什么急救措施？

2. 乘坐邮轮可以携带什么东西以防出现晕船、恶心？

案例四　"蓝宝石公主号"邮轮出现泳池溺水事件

2015 年 8 月，在刚刚结束新一轮航次的"蓝宝石公主号"邮轮上，一名女游客在泳池游泳时意外溺水。目前，这名女游客仍然在上海新华医院重症监护室接受抢救治疗。这是 2014 年 8 月一名 29 岁女游客在该邮轮上的游泳池内溺亡后，又一起与泳池溺水相关的事件。

“蓝宝石公主号”邮轮的“声明”中确认，一名女性宾客在“蓝宝石公主号”上一游泳池内发生意外。该宾客被船员发现后，船上医务人员在第一时间采取了急救措施。目前，该宾客已被送至医院。从邮轮公司方面获悉，此次“蓝宝石公主号”邮轮2015年8月2日从上海出发，途中计划在日本福冈和韩国济州岛分别上岸观光，这名女游客就在前往韩国济州岛前一天在泳池游泳发生意外。邮轮抵达上海后，该名女游客已经被送往医院抢救，不过目前情况还不乐观。邮轮方不愿再透露其他信息。

“蓝宝石公主号”邮轮出现游客溺水事故并非第一次，2014年8月7日，一名29岁的女游客在“蓝宝石公主号”邮轮泳池内溺水身亡，事发邮轮航次是8月6日至9日上海往返济州岛的3晚4天行程。

业内人士介绍，邮轮上的泳池通常分为深水池与浅水池，深水池最深处约2米，“白天泳池里有很多人同时游泳，邮轮上也有工作人员；到了晚上非游泳时段，工作人员会给泳池换水或者遮盖住泳池，此时通常无法下水。”该业内人士表示，游客在邮轮上游泳溺亡的情况较罕见。

业内人士也透露，与城市内泳池不同，包括“蓝宝石公主号”等邮轮上均有多个泳池，但船上泳池通常没有安排专门的瞭望救生员，主要靠邮轮工作人员提供设施服务、临时救援等任务。邮轮方面也证实，根据国际惯例，邮轮上的泳池并不设置救生员。

（资料来源：千帆.豪华邮轮再现泳池溺水事件，1名女游客正在抢救.https://society.huanqiu.com/article/9CaKrnJOk0n.2015-08-08）

问题思考：

1. 遇到有人溺水时，有什么急救措施？
2. 游泳前该做什么准备工作预防溺水？

案例五　外籍邮轮船员突发疾病　边检开通绿色通道

2017年8月23日晚，意大利歌诗达邮轮公司旗下的“维多利亚号”邮轮在途经三亚水域时，邮轮上一名外籍船员突发疾病，请求靠岸急救。海南三

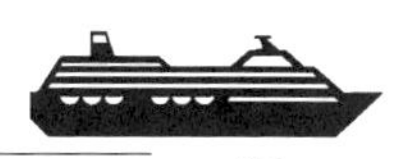

亚边防检查站开通绿色通道，及时救助患病船员。

当晚8时许，三亚边检站接到凯旋外轮代理公司的紧急求助电话，计划从中国香港行驶至越南的“维多利亚号”邮轮上一名外籍男性船员在航行期间烦躁不安，在途经三亚水域时突发疾病，出现昏厥、全身抽搐等症状，急需靠岸救治。接到求助电话后，三亚边检站立即启动船员救助预案，开通“边检绿色通道”，紧急联系搜救船将患病船员转移到安全地带，危急之下，边检官兵向该船员的同事询问了其既往病史，第一时间向120急救中心人员反映了此情况。同时联系其他联检单位为患病船员办理离船入境边防检查手续，120救护车到达后，协助船员将患者抬上救护车并转移到医院进行治疗。经过及时治疗，这名外籍船员已脱离危险。外轮代理握着边检官兵的手说：“如果没有你们边检的高效服务、紧急救助，情况真是不堪设想，感谢你们的帮助。”

（资料来源：千帆.外籍邮轮船员三亚突发疾病，海南边检开通绿色通道进行紧急抢救.https://society.huanqiu.com/article/9CaKrnK4TGW，2017-08-25）

问题思考：

1. 当有人出现昏厥、全身抽搐应该如何进行急救？
2. 简述伤员紧急救护基本原则。
3. 简述海上急救的目的。

第二篇　试题篇

第九章　选择题

第一节　选择题题目

1. 遇难者跳入水中后，遇到的首要危险是：(　　)

A. 溺水　　B. 食物　　C. 缺少淡水　　D. B+C

2. 弃船后，在寒冷水域导致船员死亡的主要原因是：(　　)

A. 溺水　　B. 饥饿

C. 身体暴露在水中　　D. 容易丧失意志

3. 在热带水域保持体内水分的方法是：(　　)

A. 下海浸泡　　B. 多喝水

C. 避免太阳直射　　D. A+C

4. 下列不属于求生三要素的是：(　　)

A. 自身保护　　B. 求生意志　　C. 救生设备　　D. 求生知识

5. 海上遇难求生者要有：(　　)

A. 坚强的意志和毅力

B. 克服绝望恐惧的心理

C. 经得起寒冷、晕浪、饥饿、口渴的考验

D. 以上都对

6. 为维持生命的最低限度，人每天进水不得少于：(　　)

A. 1.5 升　　B. 1 升　　C. 0.5 升　　D. 0.3 升

7. 国际航行的船舶，救生艇和救生筏按额定乘员每人配备的淡水分别是：（　　）

A. 3 升，1.5 升　　B. 3 升，2 升

C. 3 升，1 升　　D. 3 升，0.5 升

8. 人体浸泡在水中，散热速度要比空气中快：（　　）

A. 10 倍　　B. 20 倍

C. 30 倍　　D. 26 倍

9. 无限航区航行的货船，全船配备的救生艇乘员总数应为全体船员数的：（　　）

A. 100%　　B. 200%

C. 50%　　D. 250%

10. 对于长度 85 米以下的货船，每舷配备的救生筏，其总容量为船上人员总数量的：（　　）

A. 50%　　B. 100%

C. 150%　　D. 200%

11. 客船上配备附加的救生衣应为全船总人数的：（　　）

A. 5%　　B. 10%　　C. 15%　　D. 20%

12. 无线航区救生艇至少应配备手持红光火焰信号、红光降落伞信号、橙黄烟雾信号各多少支：（　　）

A. 4 支，6 支，4 支　　B. 6 支，4 支，2 支

C. 6 支，4 支，4 支　　D. 4 支，6 支，2 支

13. 一般情况下，救生艇长度不得小于________米，满载重量不得超过________吨：（　　）

A. 8.5 米，20 吨　　B. 7.5 米，10 吨

C. 8.5 米，10 吨　　D. 7.5 米，20 吨

14. 救生设备的颜色应涂成：（　　）

A. 白色　　B. 绿色

C. 黑色　　D. 橙黄色

15. 救生圈的浮力要求是在淡水中能支撑 14.5 千克的铁块达：（　　）

A. 6 小时　　B. 12 小时

C. 24 小时　　D. 20 小时

16. 货船救生艇,在正常气候条件下降落水中的时间不超过:(　　)

A. 30 分钟　　B. 20 分钟

C. 10 分钟　　D. 15 分钟

17. 客船救生艇,在正常气候条件下降落水中的时间不超过:(　　)

A. 30 分钟　　B. 20 分钟

C. 10 分钟　　D. 15 分钟

18. 在救生艇装备中,每人配备抗晕船药数量:(　　)

A. 6 片　　B. 12 片

C. 18 片　　D. 10 片

19. 何种船上只允许使用电池自亮浮灯:(　　)

A. 油船　　B. 货船

C. 客船　　D. 随便

20. 救生衣应放在:(　　)

A. 锁在衣橱里　　B. 居住处明显易取用的地方

C. 写字台里　　D. 随意放

21. 救生圈自带的烟雾信号,发出的橙黄色浓烟的时间至少持续:(　　)

A. 15 分钟　　B. 20 分钟

C. 30 分钟　　D. 42 分钟

22. 在水中扶正倾覆的救生筏时,扶正者双脚应踩在:(　　)

A. 有钢瓶的一侧　　B. 无钢瓶的一侧

C. 上风侧　　D. 扶正带左边

23. 客船上配备的儿童专用救生衣应为乘客人数的:(　　)

A. 1/2　　B. 1/5

C. 1/8　　D. 1/10

24. 充气式救生衣禁止在什么船上使用:(　　)

A. 货船　　B. 客船

C. 油船　　D. B+C

25. 救生艇上配备的红光降落伞信号为:(　　)

A. 6 个　　B. 4 个　　C. 2 个　　D. 8 个

26. 无线航区船舶救生艇应配备橙黄色烟雾信号(　　)支。

A. 1　　B. 2　　C. 3　　D. 4

27. 救生艇应配备手持红光火焰信号(　　)支。

A. 2　　B. 4

C. 6　　D. 8

28. 抛绳设备的火箭及药筒有效期一般为:(　　)

A. 1 年　　B. 2 年

C. 3 年　　D. 4 年

29. 抛绳设备的每船应具有抛射火箭和抛射药筒(　　)支。

A. 1　　B. 2

C. 3　　D. 4

30. 救生艇的乘员定额应不超过:(　　)

A. 50 人　　B. 100 人

C. 150 人　　D. 200 人

31. 救生圈外径不大于(　　)毫米,内径不小(　　)毫米。

A. 760,350　　B. 660,440

C. 760,440　　D. 660,350

32. 救生圈附带的自亮浮灯,其发光时间应持续:(　　)

A. 15 分钟　　B. 20 分钟

C. 42 分钟　　D. 1 小时

33. 何种船上只允许使用干电池自亮浮灯:(　　)

A. 货船　　B. 客船

C. 散装船　　D. 油船

34. 抛绳器在正常天气条件下,抛射距离应不少于(　　)米,其偏差不大于(　　)米。

A. 230,20　　B. 160,10

C. 230,10　　D. 160,20

35. 下列说法错误的是:(　　)

A. 一切救生设备的存放地点,应有利于对其迅速操作,以及船上人员的迅速集结

B. 救生艇艇底应设有 1 个或 2 个排水孔,每一排水孔应备 2 个艇底塞

C. 救生筏应能在 18 米高度抛掷下水而不影响使用

D. 穿着救生衣应从 10 米高度处跳入救生筏不受伤害

36. 下面关于救生筏的说法哪些是错误的：(　　)

A. 其构造应能经受在一切情况下暴露达 30 天

B. 救生筏的额定乘员最少为 8 人，也不能超过 25 人

C. 救生筏应能在 18 米高度抛掷下水而不影响使用

D. 能忍受从 4.5 米高度反复跳下而不致损坏

37. 弃船求生时个人任务可从哪儿找到：(　　)

A. 海员证上　　B. 船员名册里

C. 船员应变卡中　　D. B+C

38. 船舶释放三长两短的应变信号表示：(　　)

A. 右舷有人落水　　B. 救生

C. 左舷有人落水　　D. A+B

39. 国际航行的货船，举行应变演习的时间间隔不超过：(　　)

A. 1 个月　　B. 2 个月

C. 3 个月　　D. 4 个月

40. 船舶在某港口调换船员达 25%以上时，应于离港后多长时间集合船员作一次演习：(　　)

A. 24 小时内　　B. 24 小时后

C. 48 小时内　　D. 48 小时后

41. 船舶释放七短一长声表示：(　　)

A. 堵漏　　B. 失火

C. 有人落水　　D. 弃船

42. 国际上召集旅客至集合地点的紧急信号应用号笛连续发放：(　　)

A. 七个或七个以上的短声继一长声

B. 六短声继一长声

C. 连续一阵短声

D. 连续二长声

43. 船舶进水，应立即发出堵漏报警(　　)，连放一分钟。

A. 二长一短　　B. 三长声

C. 一长一短　　D. 四长声

44. 弃船信号发出后，首先离开难船的是：(　　)

A. 船长　　B. 旅客　　C. 船员　　D. A+C

45. 弃船信号发出后，首先离开难船的是：(　　)
A. 船长　　B. 旅客
C. 妇女和儿童　　D. 船员

46. 弃船时，如时间允许可多喝：(　　)
A. 含酒精的饮料　　B. 淡水
C. 牛奶　　D. A+C

47. 弃船时，如时间允许可多收集：(　　)
A. 淡水和食物　　B. 酒精饮料
C. 高蛋白食物　　D. 炼乳

48. 从难船直接跳入水中，其最大高度不应超过：(　　)
A. 5 米　　B. 2 米
C. 10 米　　D. 12 米

49. 在万不得已情况下跳水，应选择跳水部位：(　　)
A. 任何部位　　B. 上风舷
C. 下风舷　　D. A+B

50. 弃船登上救生艇筏后应：(　　)
A. 立即划离船舶一段距离　　B. 不离开难船
C. 立即寻找陆地和岛屿　　D. 立即离开难船

51. 在海上求生漂泊待救中最大的威胁是：(　　)
A. 缺少淡水　　B. 缺少食物
C. 人员劳累　　D. 寒冷

52. 落水者，在水中最适宜的姿势是：(　　)
A. 仰泳　　B. 蛙泳
C. 自由泳　　D. B+C

53. 离开难船后，开始分配淡水、食物的时间应在：(　　)
A. 12 小时后　　B. 24 小时后
C. 48 小时后　　D. 36 小时后

54. 扶正倾斜的救生筏应站在：(　　)
A. 筏底部　　B. 筏底有充气瓶一边
C. 筏底没有充气瓶一边　　D. 入口处

55. 在扶正救生筏时,除要求动作正确外,还应注意:(　　)

A. 流向　　B. 风向

C. 气温　　D. 不需要注意

56. 海上求生者,一般距过往船舶多远能被听见:(　　)

A. 1 000 米　　B. 2 000 米

C. 5 000 米　　D. 6 000 米

57. 弃船时,人员的离船顺序应为:(　　)

A. 旅客、船员、船长　　B. 船员、旅客、船长

C. 船长、旅客、船员　　D. 旅客、船长、船员

58. 弃船跳水时,应从船的:(　　)

A. 上风舷跳海　　B. 下风舷跳海

C. 船头　　D. 船尾

59. 全体船员按部署表的内容前往指定救生艇甲板集合前应采取的行动有下面哪些:①加穿适当的衣着;②穿妥救生衣;③收集保护物;④多吃、多收集淡水和食物。(　　)

A. ①②　　B. ①②③

C. ②③④　　D. ①②③④

60. 在需要跳水求生而海面又有油火时,落水后的船员应:(　　)

A. 向横风方向游　　B. 向上风方向游

C. 向下风方向游　　D. 随便

61. 寒冷水域落水者保持 HELP 姿势的主要优点是:(　　)

A. 保持体温　　B. 节省体能

C. 减少人体表面散热　　D. A+B+C

62. 海上求生者在 4～10 摄氏度的海水中可生存的时间预期不超过:(　　)

A. 1 小时　　B. 3 小时

C. 5 小时　　D. 7 小时

63. 当水温低于 0 摄氏度时,海上求生者在水中可生存时间预期不超过:(　　)

A. 1 小时　　B. 45 分钟

C. 30 分钟　　D. 15 分钟

64. 弃船后，在寒冷海域导致船员死亡的主要原因是：(　　)

A. 溺水　　B. 饥饿

C. 缺水　　D. 身体暴露在水中

65. 人的体温降到多少摄氏度就会死亡：(　　)

A. 36～34 摄氏度　　B. 33～30 摄氏度

C. 26～24 摄氏度　　D. B+C

66. 水的散热速度大约比空气的散热速度快：(　　)

A. 2 倍　　B. 10 倍

C. 20 倍　　D. 26 倍

67. 在低温水中的求生者，当受冻严重时，应：(　　)

A. 游泳取暖　　B. 多吃食物

C. 采取 HELP 姿势　　D. 喝含有酒精的饮料

68. 当人的体温降到 35 摄氏度时，就会出现：(　　)

A. 低温昏迷　　B. 接近死亡

C. 已经死亡　　D. 正常

69. HELP 姿势的优点是：(　　)

A. 减少体表的暴露　　B. 使头颈尽量露出水面

C. 减缓体热散失速度　　D. A+B+C

70. 落水者遇到鲨鱼应：(　　)

A. 尽快向远处游离　　B. 用刀攻击鲨鱼

C. 招呼同伴对付鲨鱼　　D. 不要震动，静观其变

71. 鲨鱼攻击人多发生在夏季，在北半球和南半球的时间分别是：(　　)

A. 1 月，7 月　　B. 2 月，6 月

C. 6 月，2 月　　D. 7 月，1 月

72. 对有严重过冷现象的患者，可放进 40～50 摄氏度的热水浴盆中浸浴，时间不超过：(　　)

A. 5 分钟　　B. 10 分钟

C. 15 分钟　　D. 20 分钟

73. 当人的体温降至 31 摄氏度时，人体处于：(　　)

A. 低温昏迷状态　　B. 失去知觉

C. 血管硬化　　D. 死亡

74. 在海面上有油火时,求生者跳水前应尽量:(　　)

A. 穿人造纤维衣服　　B. 穿救生衣

C. 穿棉毛衣服　　D. 少穿衣服

75. 对过冷现象的遇险者的处置方法哪个是错误的:(　　)

A. 可采用局部加温或烤火的方法

B. 可放进温热水中浸浴

C. 可给患者提供冲淡的牛奶和糖水

D. 脱去潮湿的衣服裹上毛毯

76. 人们要在低温水中求生并非毫无办法,主要取决于三个条件:(　　)

A. 水温　　B. 穿着的衣服

C. 自救方法　　D. A+B+C

77. 对于艇筏上的求生者,哪种做法是错误的:(　　)

A. 穿着救生衣　　B. 开大通风

C. 不要吸烟　　D. 不要喝酒

78. 求生者的士气,应该是全艇筏人员都应具有:(　　)

A. 坚定的生存信念

B. 顽强的求生意志

C. 严格的组织纪律,自我献身品质和团结一致的精神

D. A+B+C

79. 登上艇筏后,需要服用晕船药的是:(　　)

A. 全体遇险者　　B. 晕船者

C. 想服用的人　　D. B+C

80. 在大风浪中操纵救生艇,应使艇首与浪成多少度:(　　)

A. 30～40 度　　B. 20～30 度

C. 90 度　　D. 50～60 度

81. 在艇筏上的求生者,仅有食物,没有淡水时:(　　)

A. 仍可正常生活　　B. 仅可生存数天

C. 可生存 30～50 天　　D. 可生存至少 60 天

82. 艇筏上求生者饮水的正确方法是将每天的配给量:(　　)

A. 分三次喝完　　B. 一次喝完

C. 分数次喝完　　D. 不喝

83. 机动救生艇应备足按规定的航速供连续多少小时动转的燃料油？（　　）

A. 8 小时　　B. 12 小时

C. 16 小时　　D. 24 小时

84. 海锚的主要作用是：（　　）

A. 保持艇首顶风顶浪

B. 在泼花浪海滩进行抢滩时，使艇尾先着岸

C. 减缓漂流速度

D. A+B+C

85. 艇筏上求生者饮水的正确方法是每天的配给量：（　　）

A. 分三次喝完　　B. 一次喝完

C. 分数次喝完　　D. 不喝

86. 手提式电台是一种手摇供电的无线电台，能自 15 米高处投入水中不致损坏且能浮于水面，总重量不超过：（　　）

A. 13 公斤　　B. 23 公斤

C. 25 公斤　　D. 27 公斤

87. 普通成年人一般每天排出体外的水分是：（　　）

A. 1.5 升　　B. 2.5 升

C. 3 升　　D. 5 升

88. 救生浮具应自存放处多少米高处投入水中，不会有损坏和永久性变形（　　）

A. 3 米　　B. 10 米　　C. 15 米　　D. 18 米

89. 海上求生者为维持生命，每人每天至少应补充淡水：（　　）

A. 2.5 升　　B. 1.5 升

C. 0.5 升　　D. 3 升

90. 在求生的基本原则中，较为重要的是：（　　）

A. 注意自身保护　　B. 停留在出事地点附近

C. 合理分配食物和淡水　　D. 预防溺水

91. 在热带水域，保持体内水分的方法是：（　　）

A. 下海浸泡　　B. 多喝水

C. 避免太阳直晒　　D. 多躺少坐

92. 如何补充淡水:(　　)

A. 收集雨水和露水　　B. 利用海洋生物的液体

C. 喝海龟的血　　D. A+B+C

93. 如何补充食物:(　　)

A. 捕鱼　　B. 捞取海藻

C. 收集浮游物　　D. A+B+C

94. 在白天荒岛求生者使用哪种信号最容易引起途经飞机或船舶的注意:(　　)

A. 浓烟　　B. 篝火

C. 挥动手臂　　D. 哨音

95. 当决定在荒岛上留驻时,首先要解决的问题是:(　　)

A. 淡水　　B. 食物

C. 住宿　　D. 值班瞭望

96. 荒岛上狩猎行走时,应:(　　)

A. 迎风　　B. 斜风

C. 顺风　　D. 随便

97. 每桶不清洁的水滴入多少 2.5%的碘溶液后即可饮用:(　　)

A. 2 滴　　B. 20 滴

C. 30 滴　　D. 8 滴

98. 有淡水无食物时,求生者仍可生存:(　　)

A. 10～20 天　　B. 20～30 天

C. 30～50 天　　D. 50～60 天

99. 用碘溶液处理不清洁的水要多长时间方可饮用:(　　)

A. 3～4 分钟　　B. 8～10 分钟

C. 12～16 分钟　　D. 17～20 分钟

100. 海上求生者若以鸟、鱼高蛋白食物充饥应在什么情况下才能食用:(　　)

A. 有充分饮用水　　B. 有少量饮用水

C. 没有饮用水　　D. 随便

101. 下列有关求生者登上艇筏后为增加获救机会而采取最初行动的说法,正确的有:①应保持艇筏处于完整良好状态;②建立一个尽可能完善的

组织；③注意防备严寒或酷热；④主动在失事地点搜救其他落水者。(　　)

A. ①②　　B. ③④

C. ②③④　　D. ①②③④

102. 下列有关在低温水中采取的行动，正确的有：①落水者跳水前尽量少穿衣服；②落水者在水中若感觉冷可以游泳来取暖；③禁止饮用含有酒精的饮料；④切忌给从冷水中捞起的求生者按摩。(　　)

A. ①②　　B. ③④

C. ①③　　D. ②④

103. 接受船舶救援时，水中的求生者应：(　　)

A. 主动集结　　B. 原地待救

C. 各自求生　　D. 分散待救

104. 直升飞机与救生艇筏间表示“勿吊升”的联络信号是：(　　)

A. 两臂伸开放平，手指紧握，拇指向下

B. 两臂向上伸

C. 两臂向上伸开，手指紧握，拇指向上

D. 随便

105. 直升飞机与救生艇筏间表示“吊升”的联络信号是：(　　)

A. 两臂伸开放平，手指紧握，拇指向下

B. 两臂向上伸

C. 两臂向上伸开，手指紧握，拇指向上

D. 随便

第二节　选择题答案

1—5. ACCAD　6—10. CADBB　11—15. ABDDC

16—20. CAAAB　21—25. AADDB　26—30. BCCDC

31—35. CCDAD　36—40. BCCAA　41—45. DAABC

46—50. BAABA　51—55. AABBB　56—60. AAADB

61—65. DBDDC　66—70. DCADD　71—75. DBBCA

76—80. DBDAB　81—85. BADDA　86—90. BBBCA
91—95. CDDAA　96—100.ADCBA　101—105. DBAAC

第十章　填空题

第一节　填空题题目

1. 从平台直接跳入水中，其高度不宜超过________。
2. 水的散热速度大约比空气的散热速度快________。
3. 在救生艇装备中，每人配备抗晕药________。
4. 鲨鱼攻击落水者在北半球常发生在________月。
5. 救生抛绳器有效期为________。
6. 弃船求生时的个人任务可从________中查。
7. 从难船离开进入艇筏后，应立即________。
8. 海上求生者在 4 摄氏度～10 摄氏度的海水中可生存的时间不超过________。
9. 海上求生者为维持生命，每人每天至少应补充淡水________。
10. 海上求生者一般距过往船只________米时呼救才能被听到。
11. 海上求生基本原则是________、________、________。
12. 饮用水消毒时，每桶水大约滴入________滴 2.5%的碘济液后即可饮用。
13. 使用直升飞机救援时，吊运区周围至少________内无障碍物。
14. 救生艇筏上的求生者每人每天的饮用水分________次喝完。
15. 荒野上寻找水源的办法有________。
16. 在白天，荒岛求生者以________方式最易引起途经飞机和船舶注意。

17. 登上艇筏的求生者，应在失事地点附近海面至少坚持________天。
18. 登艇筏后，________小时后开始分配淡水、食物。
19. 安全生产管理方针是________、________、________。
20. 高处作业时必须系好________。
21. 每位工作人员必须做到“三不伤害”的原则，“三不伤害”的原则具体是指________、________、________。
22. 造成生产安全事故的主要原因是“三违”，即为________、________、________。
23. 演习的情况，包括操作的细节，需记入________。
24. 弃船命令只有________才有权发出，任何人不得随意发布弃船命令，弃船令的发布要慎重。
25. 船员，是指依照《中华人民共和国船员条例》的规定经船员注册取得________的人员。
26. 事故处理的“四不放过”是指________、________、________、________，要求对安全生产工伤事故必须进行严肃认真的调查处理，接受教训，防止同类事故重复发生。
27. ________是船员的职业身份证件，应当载明船员的姓名、住所、联系人、联系方式以及其他有关事项。
28. 通向登艇地点的通道、进口、出口以及救生设备的存放点都应有________照明。
29. 除长度不足 10 米的船以外，任何船舶每层甲板应配备________个救生圈和救生环。
30. 大风浪中救助船接近遇难船降落救生艇的一侧选择________。
31. 演习使船上人员在应急时能________。
32. 演习时总指挥由________担任。
33. 使用泡沫灭火器扑救流动油品火灾时，应站在________位置。
34. 根据《内河交通安全管理条例》的规定，船舶停泊应当留有________值班。
35. 未按规定申请引航的，海事管理机构可以对责任船员给予________适任证书。
36. ________信号的持续时间不足一分钟。

37. 油类作业应由________在油类记录簿上签字。
38. 船员发现或者发生险情、事故、保安事件或者影响航行安全的情况未及时报告的，由海事管理机构处________罚款。情节严重的，给予暂扣船员服务簿、船员适任证书6个月以上、2年以下直至吊销船员服务簿、船员适任证书的处罚。
39. 用灭火器灭火时，灭火器的喷射口应该对准火焰的________。
40. 求生者落入水中，首先遇到的困难是________。
41. 事故调查处理应当按照________、________、________、________的原则，查清事故原因，查明事故性质和责任。
42. 新员工的三级安全教育是指________、项目部教育、班组教育。
43. 对企业发生的事故，坚持________原则进行处理。
44. 离岗三个月以上六个月以下复工的工人，要重新进行________教育。
45. “三违”是指________、________、________。
46. 救生设备主要包括________、________、________、________。
47. 求生的三要素是________、________、________。
48. 救生艇筏内常常会遇到________难题，容易动摇意志而失去争取获胜的信心。
49. 在救生艇装备中，每人配备抗晕船药数量为________片。
50. 救生艇手提电台能自________米投入水中不损坏且浮于水面。
51. 救生衣是舰上最简便的救生工具，船上人员每人配备________件。
52. 救生艇手提电台是________供电的小型无线电台。
53. 无限航区的货船，全船配备的救生艇乘员总数应为全体船员数的________%。
54. 客船上还应附加配备船上总人数5%的救生衣，应存放在________。
55. 船用抛绳设备每船应配有抛射火箭及抛射药筒各________支。
56. 充气式救生衣禁止在________上使用。
57. 机动救生艇应备足按规定的航速供连续________小时动转的燃料油。
58. 发动机应该能在救生艇纵、横倾________度的情况下，机械可正常运转。
59. 儿童救生衣的浮力能在淡水中浮起________公斤的铁块达四小时。
60. 抛射器在正常的天气情况下，抛射距离应不少于________米。
61. 任何船上使用救生衣的型式不得多于________种。

62. 船员及旅客的救生衣应存放在________附近。

63. 船舶释放三长两短的应变信号表示________。

64. 国际航行的货船，举行应变演习的时间间隔不超过________。

65. 船舶在某港口调换船员达 25%以上时，应于离港后________集合船员作一次演习。

66. 船舶释放七短一长声表示________。

67. 国际上召集旅客至集合地点的紧急信号应用号笛连续发放________。

68. 弃船信号发出后，首先离开难船的是________。

69. 弃船时，如时间允许可多喝________。

70. 从难船直接跳入水中，其最大高度不应超过________。

71. 在万不得已情况下跳水，应选择跳水部位________。

72. 在海上求生漂泊待救中最大的威胁是________。

73. 扶正倾斜的救生筏是，应站在________。

74. 弃船时，人员的离船顺序应为________、________、________。

75. 全体船员按部署表的内容前往指定救生艇甲板集合前应采取的行动有________、________、________、________。

76. 救生筏应能经受在一切情况下暴露漂浮达________天。

77. 绳抛火箭的有效期为________。

78. 救生筏应能在________米高度抛拍下水而不受影响使用。

79. 救生艇的结构必须________。

80. 救生设备均应涂成________色。

81. 救生圈的投水实验高度为________米。

82. 救生艇应设一盏可控制的环照灯，其颜色为________光。

83. 客船配备的救生艇应能在弃船信号发出________后全部降落水面。

84. 海上求生者在 4～10 摄氏度的海水中可生存的时间预期不超过________小时。

85. 当水温低于 0 摄氏度时，海上求生者在水中可生存时间预期不超过________。

86. 弃船后，在寒冷海域导致船员死亡的主要原因是________。

87. 人的体温降到________摄氏度就会死亡。

88. 水的散热速度大约比空气的散热速度快________倍。

89. 对有严重过冷现象的患者，可放进 40～50 摄氏度的热水浴盆中浸浴，时间不超过________。
90. 在海面上有油火时，求生者跳水前应尽量穿________。
91. HELP 姿势的优点是________、________、________。
92. 登上艇筏后，需要服用晕船药的是________。
93. 在大风浪中操纵救生艇，应使艇首与浪成________度。
94. 艇筏上求生者饮水的正确方法是将每天的配给量分________次喝完。
95. 接受船舶救援时，水中的求生者应________。
96. 海锚的主要作用是________、________、________。
97. 直升飞机与救生艇筏间表示“勿吊升”的联络信号是________。
98. 直升飞机与救生艇筏间表示“吊升”的联络信号是________。
99. 直升飞机进行吊运的悬空高度一般距甲板________米。
100. 吊运区中央应标注________字样，以向直升机显示吊运位置。

第二节　填空题答案

1. 5 米　2. 26 倍　3. 6 片　4. 七
5. 三年　6. 船员应变卡　7. 划离难船一段距离
8. 5 小时　9. 0. 5 升　10. 1 000
11. 求生意志、求生知识、救生设备　12. 8　13. 15 米
14. 3　15. 野兽足迹　16. 浓烟　17. 2～3
18. 24 小时　19. 安全第一、预防为主、综合治理　20. 安全带
21. 不伤害自己、不伤害他人、不被他人伤害
22. 违章指挥、违章作业、违反劳动纪律　23. 航行日志
24. 船长　25. 船员服务簿
26. 事故原因未查清不放过、责任人员未处理不放过、责任人和群众未受教育不放过、整改措施未落实不放过
27. 船员服务簿　28. 应急　29. 2～6　30. 下风舷
31. 采取措施　32. 船长　33. 上风
34. 足以保障船舶安全的船员　35. 暂扣　36. 警报解除

37. 作业负责人　38. 1 000 元以上　1 万元以下　39. 根部
40. 溺水　41. 科学严谨、依法依规、实事求是、注重实效
42. 公司级教育　43. 四不放过　44. 岗位安全
45. 违章指挥、违章操作、违反劳动纪律
46. 救生艇、救生筏、救生衣、救生圈
47. 救生设备、求生知识和求生意识　48. 晕浪　49. 6
50. 15　51. 一　52. 手播　53. 200
54. 甲板明显易见的地方　55. 4　56. 邮船
57. 20　58. 10　59. 5　60. 230
61. 2　62. 床位　63. 左舷有人落水　64. 一个月
65. 24 小时内　66. 弃船
67. 七个或七个以上的短声继一长声　68. 旅客　69. 淡水
70. 5 米　71. 上风舷　72. 缺少淡水
73. 筏底有充气瓶一边　74. 旅客、船员、船长
75. 加穿适当的衣着　穿妥救生衣　收集保护物　多吃、多收集淡水和食物
76. 30　77. 三年　78. 18　79. 水密
80. 橙色　81. 30　82. 白　83. 30 分钟
84. 3　85. 15 分钟　86. 身体暴露在水中
87. 26～24　88. 26　89. 10 分钟　90. 棉毛衣服
91. 减少体表的暴露、使头颈尽量露出水面、减缓体热散失速度
92. 全体遇险者　93. 20～30　94. 三　95. 主动集结
96. 保持艇首顶风顶浪；在波花浪海滩进行抢滩时，使艇尾先着岸；减缓漂流速度
97. 两臂伸开放平，手指紧握，拇指向下
98. 两臂向上伸开，手指紧握，拇指向上　99. 27
100. 白色“H”

第十一章　判断题

第一节　判断题题目

正确的打“√”,错误的打“×”。

练习一

1. 邮轮上的救生演习非常重要,每位乘客必须参加,包括婴儿和老人。
2. 邮轮上的救生演习一般在全体乘客登船后、邮轮正式离港起航前进行。
3. 邮轮旅行保险与其他旅行保险没有区别,不用特意购买。
4. 救生衣的浮力,应能使失去知觉的人自动在5秒钟内翻身成头部向上,嘴部离水面120毫米以上,身体倾斜与水面垂线成20～40度倾角。
5. 救生衣使用的浮力材料要求在浸入淡水中24小时后,不得降低8%以上。
6. 救生衣应在被火完全包围2秒钟后,不致继续燃烧或继续熔化。
7. 救生衣的正反面,均需缝贴面积为5×10厘米、符合国际要求的逆光反光带。
8. 救生衣需附带有可听0.5公里距离的可浮哨笛一只。
9. 船舶对救生衣配备的要求:国际公约及国内规范要求所有水上船舶的工作人员,每两人必须配备一件救生衣。
10. 对呼吸和心跳停止的伤员,要立即进行心肺复苏术。
11. 对骨折伤员要立即搬运,以免错过最佳治疗时机。
12. 弃船舶逃生时,选择救生设备的依次顺序为救生筏、救生艇、跳水。

13. 遇难人员跳入水中之后，首先遇到的危险是溺水。
14. 人员进入救生艇后，都应系好安全带。
15. 每只救生圈应具有不小于 800 毫米的外径及不小于 400 毫米的内径。
16. 救生圈要求能在淡水中支撑不少于 14.5 千克的铁块达 12 小时。
17. 救生圈应具有不少于 2.5 千克的质量。
18. 救生衣应在被火完全包围 3 秒内，不致燃烧或继续融化。
19. 每件成人救生衣的结构应能使至少 75%的完全不熟悉救生衣的人在无人帮助、指导或事先示范的情况下在 1 分钟时间内能正确的穿好救生衣。
20. 救生衣使穿着者从至少 3 米高度处跳入水中不致受伤。

练习二

21. 每个救生衣灯应具有向上半球体所有方向发出的光强不小于 0.75 光强。
22. 救生艇上配备的火箭降落伞火焰信号燃烧时间应不小于 30 秒。
23. 救生艇上配备的手持火焰信号应燃烧均匀，平均光强不小于15 000光强。
24. 每只救生筏的构造，应能经受在一切海况下暴露漂浮 20 天。
25. 在顶棚撑起和未撑起的情况下，漂浮的救生筏应能经受从筏底以上至少 4.5 米的高度重复多次蹬跳。
26. 救生筏内应装设 1 个至少能连续运作 24 小时的人工控制灯。
27. 救生筏应设一根有效的首缆。
28. 所有救生艇应具有足够的强度，当船舶在平静水中以 5 节航速前进时能降落水中并被拖带。
29. 容纳人数超过 100 人的救生艇，概不予以认可。
30. 每艘自由降落救生艇应装设一个脱开装置，它应予以适当保护以防意外地或过早地使用。
31. 每具抛绳设备应包括不少于 4 根抛绳体，每个能在无风天气中将绳抛射至少 300 米。
32. 每具抛绳设备包括不少于 4 根抛射绳，每个抛射绳具有的破断强度不少于 2 000 牛。
33. 内外部应急报警音响的最小声压等级应为 80 分贝(加权声)。
34. 船舶在正常状态下航行时，广播应急通告的最小声压等级应该内部处所

80 分贝(加权声)，外部处所 75 分贝(加权声)。

35. 在没有安置扬声器的舱室中，应设置电子报警发送器、蜂鸣器或类似的设备。
36. 如果船上配备了一个或多个海上撤离系统，至少 40%的系统应在安装后进行试放。
37. 海上撤离系统应能在蒲氏风级为 4 级的海况下提供令人满意的撤离。
38. 海上撤离系统应尽实际可能设计为在结冰情况下仍保持有效性。
39. 海上撤离系统应能由两个人或以上布放。
40. 每艘救助艇降落设备都应装设一台能把载足全部乘员和设备的救助艇从水面以不少于 0.3 米/秒的速率升起的动力驱动的绞车马达。

练习三

41. 救助艇应装设舷内发动机或舷外发动机。
42. 救助艇可以是刚性或充气结构，或两者的混合结构。
43. 救助艇长度不小于 3 米，不大于 8.5 米。
44. 救助艇应至少能承载 3 个坐着的人员和 1 个躺在担架上的人员。
45. 浸水服在无帮助情况下，能在 2 分钟内将它打开并穿好。
46. 每个救生衣灯当系在救生衣上时，应尽实际可行地使人在上半球体的较大部分看到亮光。
47. 每个救生衣灯应为白色光。
48. 依靠充气做浮力的救生衣应具有不少于 1 个独立充气室。
49. 儿童救生衣可帮助穿着者登上救生艇筏，同时穿着者的灵活性不能有明显减少。
50. 儿童救生衣仅要求将筋疲力尽或失去知觉的穿着者的嘴部拖出与其身高相应的水面高度。
51. 救生衣在浸入淡水中 24 小时后，具有的浮力降低不应超过 10%。
52. 每件救生衣应备有用细绳记牢的哨笛。
53. 气胀式救生衣进水后自动充气，没有用一个手动动作即能充气的装置，并能用嘴充气。
54. 每个救生衣灯应以每分钟 30～50 次的速率闪光。其有效光强至少为 0.75光强。

55. 海上求生时可以喝海水，不用寻找淡水。
56. 遇难者掉入水中后，应采用仰泳姿势。
57. 海上遇难求生者一般只有当接近救助船 100 米以内时，大声呼救才有效果。
58. 落入水中的遇难者应利用救生背心或抓住沉船漂浮物，尽可能安静地漂浮。
59. 遇难者掉入水中后，应尽量避免头颈部浸入冷水里。
60. 对于长期漂浮海上的人来说，最容易使人丧失自救力的因素是水温低于人体。

练习四

61. 0 摄氏度的水温下，普通体质的人只能存活半小时。
62. 未穿救生衣的落水者应在水中捞获并利用较安全可靠的、可用作救生浮具的漂浮物.
63. 人在有粮无水的情况下，只能存活 7～8 天。
64. 宣布弃船后最先撤离到救生艇、筏的应是一般船员，其次是旅客，最后是船长。
65. 弃船撤离时必须带出航海日志、相关海图和图书资料。
66. 弃船并不意味着船舶所有人放弃对船舶的所有权，他还应承担有关救助报酬支付的责任。
67. 荒野求生四大要素为庇护所、饮用水、食物、火。
68. 荒野求生时可以在干涸的河谷搭建庇护所。
69. 野外取水后，最好过滤一下，可以用自己的衣服、帽子、袜子等充当过滤器。
70. 野外求生时，看上去很清澈的水，是可以直接饮用的。
71. 点篝火最好选在近水处，或在篝火旁预备些泥土、石沙等用于及时灭火。
72. 在海岸边寻水，应在最高水线以上挖坑，很可能有一层沉滤水浮在海水层上。
73. 弃船跳水时应当逆着风向跳，防止下水后受到漂流物的撞击。
74. 弃船跳水时双臂交叠在胸前，压住救生衣，双手捂住口鼻，防止呛水。
75. 弃船跳水时，若救生衣上有防溅兜帽，不用解开套在头上。

76. 弃船跳水时,最好跳的远一些,避免船下沉时涡流会把人吸进船底下。
77. 船舶释放三长一短声的应变信号是表示左舷有人落水。
78. 七短一长的应变信号表示召集旅客至集合地点。
79. 国际航线的货船,举行消防演习的时间是三月一次。
80. 船舶施放六短一长声的应变信号是表示求生。

练习五

81. 当船舶新换船员达25%以上时,开航后12小时内集合船员做一次演习。
82. 应变部署表在船张贴的正确地方是驾驶台。
83. 应变信号乱钟或连放短声汽笛一分钟是表示救生。
84. 每个船员在船上都应熟记"船员应变卡"的内容。
85. "船员应变卡"应写明船员应变时到达的岗位、担任的职务以及应变信号。
86. 弃船求生时个人的应变任务可以从船员应变卡上查到。
87. 每艘船舶都应毫无例外地编制应变部署表。
88. 应变信号应在驾驶台发出,全船所有地方都能听到。
89. 二副应将每次演习的起讫时间、地点、演习内容和情况如实记入航海日志。
90. 乱钟后敲四响或连放汽笛四长声表示上甲板着火。
91. 货船举行消防演习的间隔时间为两个月一次。
92. 船员应变卡是船员本人的应变职责。
93. 应变部署表的格式应根据每船实际制定。
94. 救生浮具的配备主要在二类航区航行的客船上配备。
95. 应变信号有时用紧急报警系统发出。
96. 所有船舶的救生艇扬出舷外的应变演练时间为一个月一次。
97. 船舶在某港调换船员达25%以上时,应在离岗24小时内集合船员做一次救生演练。
98. 船舶施放一长声的信号表示解除警报。
99. 在货船上,救生艇放入水及操艇训练三个月一次。
100. 船舶机舱失火时警报为警铃和汽笛短声,连放一分钟后,鸣四短声。

第二节　判断题答案

练习一

1—5. √√×√×　　6—10. √√√×√　　11—15. ××√√√

16—20. ×√×√×

练习二

21—25. √×√×√　　26—30. ×√√×√　　31—35. ×√√×√

36—40. ××√×√

练习三

41—45. √√××√　　46—50. √√×√√　　51—55. ×√√××

56—60. √×√√√

练习四

61—65. ×√××√　　66—70. √√×√×　　71—75. √√×√×

76—80. √×√×√

练习五

81—85. ×√×√√　　86—90. √√√××　　91—95. ×√×××

96—100. ××√√√

第十二章　简答题

第一节　简答题题目

1.什么是海上风险？海上风险包括哪些主要内容？
2.简述海上保险承保风险的综合性。
3.定期保险和航程保险有哪些不同？
4.如何区分海上保险中的明示保证和默示保证？
5.简述海上保险合同的要素。
6.海上保险合同的法律特点有哪些？
7.怎样区分实际全损与推定全损？
8.共同海损成立的条件是什么？
9.施救费用与救助费用的区别是什么？
10.海上保险委付构成的条件是什么？
11.简述我国货物运输保险的基本险和附加险包括哪些。
12.简述我国货物运输保险条款中平安险的保险责任。
13.简述我国货物运输保险基本险的除外责任。
14.简述海上货物运输保险理赔原则。
15.承运人赔偿限额是多少？
16.海上危机的分类有哪些？
17.淡水补充的方法有哪些？

18. 船舶应急应变方面存在哪些问题?
19. 在救生艇筏上,当遇到酷热气候时应采取什么保护措施?
20. 船舶灭火行动应遵循什么顺序?
21. 特别重大事故的特点有哪些?
22. 采取海事证据保全,应当具备怎样的条件?
23. 简述海事法院专属管辖。
24. 因海上交通事故引起的民事纠纷处理方式有哪些?
25. 船舶、设施或飞机遇难时,除发出呼救信号外,还应当以最迅速的方式向主管机关报告。报告的内容包括哪几个方面?
26. 按照国际海事组织的建议,船舶报告系统包括几种类型的船舶报告?
27. 在救助作业过程中,救助方对被救助方负有哪些义务?
28. 在救助作业过程中,被救助方对救助方负有哪些义务?
29. 签证机关在受理船方申办海事签证时,可对哪些海事文书予以签证?
30. "海事声明"是指船长就船舶遭遇恶劣天气或意外事故引起的哪些情况做出的声明?
31. 我国船舶报告系统要求船舶提供最新的动态信息,以便在发生遇险事故时起到哪些作用?
32. 根据《1979年国际海上搜寻救助公约》,当中国海上搜救中心在收到相邻国家的救助协调中心的请求时,应当向该救助协调中心提供哪些援助?
33.《海上交通事故调查报告书》应包括哪些内内容?
34. 船舶报告系统应满足哪些要求?
35. 经调解达成协议的,港务监督应制作调解书。调解书应当写明内容有哪些?
36. 在发生海事事故后,依法申请责任限制的,可以由哪些人向海事法院申请设立海事赔偿责任限制基金?
37. 简要介绍紧急阶段分为哪几个阶段,如何区分各阶段。
38. 海上交通事故是指船舶、设施发生的哪些事故?
39.《1979年国际海上搜寻救助公约》规定各当事国必须确定搜救服务的基本要素,这里所指的基本要素是什么?
40. 什么叫海上求生?
41. 海上求生过程中遇到的主要困难有哪些?

42. 从船上跳水求生应做好哪些准备?
43. 在低温水中发生了痉挛(俗称"抽筋")应该如何处理?
44. 在鲨鱼接近时,最不该采取的行动是什么?

第二节　简答题答案

1. 海上风险一般指海上航行途中发生的或随附海上运输所发生的风险。它包括海上发生的自然灾害和意外事故,但并不包括海上的一切风险,如海运途中因战争引起的损失不含在内。另外,海上风险又不仅仅局限于海上航运过程中发生的风险,它还包括与海运相连接的内陆、内河、内湖运输过程中的一些自然灾害和意外事故。

海上风险包括两类,第一类是一般海上风险,如自然灾害、意外事故;第二类是外来风险,如一般外来风险、特殊外来风险等。

2. 海上保险承保的风险已经超过一般财产保险的承保风险范围。从性质上看,既有财产和利益上的风险,又有责任上的风险;从范围上看,既有海上风险,又有陆上风险和航空风险;从风险的种类上看,既有自然灾害和意外事故引起的客观风险,又有外来原因引起的主观风险;从形式上来看,既有静止状态中的风险,又有流动状态中的风险。海上保险承保风险的种类之多,变化之大,是其他任何保险所不能比拟的,充分显示了它的综合性质。

3. 定期保险是指承保一定航期内保险标的遭受风险损失。船舶保险一般采用定期保险,保险期限可由保险合同的双方协商确定,可以是一年、半年或者三个月,其保险责任起讫同其他保险一样,通过约定载于保险单上。航程保险:航程保险是指按照保险合同规定,保险人只负责指明的港口之间的一次航程,往返程或多次航程为责任起讫。货物运输保险及不定期的船舶往往采用这种保险。这种保险并不规定起讫时间,不受时间限制。

4. 明示保证是在保险单中订明的保证,明示保证作为一种保证必须写入保险合同或写入与保险合同一起的其他文件内,如批单。明示保证通常用文字来表示,以文字的规定作为依据。明示保证分为确认保证和承诺保证。确认保证事项涉及过去与现在,它是对过去或现在某一特定事实存在或不存在的保证。承诺保证是指投保人对将来某一特定事项的作为或不作为,其保证事项涉及现在与将来,不包括过去。默示保证是指保单中未载明,但却为订约双方在订约时都非常清楚的一些重要保证。与明示保证不同,默示保证不通过文字来说明,而是根据有关的法律、惯例及行业习惯来决定。虽然没有文字规定,但是被保险人应按照习惯保证作为或不作为,如船舶的适航保证、适货保证以及航行合法的保证等。默示保证与明示保证具有同等法律效力,对被保险人具有同等的约束力。

5. 为了在法律上能够得到执行,海上保险必须符合以下六个基本要求。第一是协议:协议是一方提出要约、另一方接受要约,双方达成的一个口头的或书面的约定。第二是建立法律关系的意向:海上保险合同是一个具有法律约束力的协议。第三是对价:一方享有的权利是以另一方承担义务为几乎,由于保险合同是射幸合同,因此合同双方之间的关系并不一定是义务完全对等,只需有对价的特点就可以。第四是履行合同的能力:当事人签订保险合同,必须是具有行为能力的自然人或法人,能以自己的行为依法参与民事活动,行使民事权利和承担民事义务。第五是合法的目的:保险合同的订立必须合乎法律的规定。合同的内容、主体和客体必须具有合法性,遵守公共秩序,尊重社会公德。第六是合同的形式:法律要求保险合同都采用书面形式,但在涉外业务往来中,保险单和保险凭证只起到凭证的作用,已不是保险合同成立的必备条件。

6. 海上保险合同除具有一般经济合同的共同属性外,还有以下特点:

(1)海上保险合同是射幸合同:被保险人支付保险费的义务是确定的,而保险人是否必须履行,或者如何履行其补偿义务就带有不确定的性质;

(2)海上保险合同是有条件的双务合同:保险人承担的义务是有条件的,即保险人承担的损失补偿责任是以货物在海上运途中遭受保险事故,造成损失和产生责任为条件;

(3)海上保险合同是保证合同:在海上保险合同的有效期内,无论保险标的物是否会遭受保险责任范围内的损失,保险人随时都承担着保障承保标的物的经济利益;

(4)海上保险合同是最大诚信合同:投保人要把有关主要危险的重要事实如实地告知保险人,否则保险人有权解除保险合同或者不负赔偿责任;

(5)海上保险合同是附和性合同:它不是通过当事人双方协商后确定,而是由保险人根据过去承保、理赔工作的经验以及有关资料事先注定。

7. 全部损失指的是保险标的物遭受自然灾害或意外事故，造成船舶或货物的全部损失。全部损失可分为四种形式：实际全损、推定全损、协议全损和可划分的部分全损。

(1)实际全损是保险标的物实际上根本不能恢复，或完全灭失或不可避免地要完全灭失；

(2)构成实际全损的条件：保险标的发生保险事故后灭失；保险标的发生保险事故后受到严重损坏完全失去原有形体、效用；保险标的发生保险事故后不能再归被保险人所拥有；

(3)推定全损是指保险标的在受损之后，虽然没有达到完全灭失的程度，但是其实际全损无法避免，或者其修理费、整理费、续运费、施救费用、赎回费用等都超过获救后的保险标的物价值；

(4)推定全损构成的条件：保险船舶受损后，修复费用已超过船舶修复后的价值；保险货物受损后，修复费用加上续运到保险目的地的费用支出超过货物到达目的地的价值；保险标的实际全损已无法避免，或者为了避免实际全损所需的施救费用将超过获救后的保险标的价值，如航行中的船舶触礁而遭受严重损坏的状态；保险标的遭受保险责任范围内的事故，而被保险人失去保险标的所有权，为收回所有权所支出的费用将超过收回后保险标的价值。

8. (1)危险必须是真实的，并危及船舶与货物的共同安全；

(2)措施必须是为了解除船舶和货物的共同危险而采取有益、合理的措施；

(3)共同海损损失是特殊性质的费用，必须是额外支付的；

(4)共同海损的牺牲或支付的费用必须有效果。

9. (1)参与对象不同。施救费用中的施救人是被保险人及其代理人，而救助费用中的救助人是第三者；

(2)给付报酬对象不同。施救费用中，保险人向被施救人(被保险人及其代理人)给付合理施救费用，而救助费用中，则由被救助方向救助方给付报酬。

10. (1)委付确定后，必须向保险人发出委付通知，否则，其损失只能以部分损失处理；

(2)委付通知一般以书面形式，经保险人承诺后才能生效；

(3)委付应该在调查的基础上发出，仅知道损失发生而不知道损失的详细情况，不得立即发出。委付必须是被保货物的全部委付，不能只委付其中的一部分。但如果是同一张保单上的标的物分列清单，对其中的一种标的物，也可单独进行委付。但是，被保险人要求委付不能附带任何条件；

(4)委付一旦成立，就不能反悔。此外，委付的条件还规定，修理费用、恢复原标的费用必须超过船舶的保险价值，才可以视为推定全损并得到赔偿。但损失由被保险人的恶意行为所致，则不能赔偿；

(5)委付通知发出后，被保险人的权利不因保险人是否接受而受到影响。虽然保险人对是否接受委付有选择权，但保险人仍按照保险合同的规定承担其应有的责任。

11. 基本险主要包括平安险、水渍险、一切险。

附加险包括以下三个方面，①一般附加险：偷窃、提货不着险、淡水雨淋险、短量险、混杂、玷污险、渗漏险、碰损破碎险、串味险、受潮受热险、钩损险、包装破损险、锈损险。②特别附加险：交货不到险、进口关税险、舱面险、拒收险、黄曲霉素险、出口货物到中国香港或澳门存仓火险责任扩展条款。③特殊附加险：战争险、罢工险。

12. (1)货物在运输途中，因恶劣气候、雷电、海啸、地震、洪水等自然灾害造成整批货物的全部损失或推定全损；

(2)运输工具遭受搁浅、触礁、沉没、互撞、与流水或其他物体碰撞以及失火、爆炸等意外事故造成货物的全部或部分损失；

(3)运输工具遭受搁浅、触礁、沉没、焚毁等意外事故的情况下，货物在此前后又在海上遭受恶劣气候、雷电、海啸等自然灾害所造成的部分损失；

(4)在装卸或转运时，由于一件或数件、整件货物落海造成的全部或部分损失；

(5)被保险人对遭受承包责任危险的货物采取抢救、防止或减少货损的措施而支付的合理费用，但以不超过该批被救货物的保险金额为限；

(6)运输工具遭遇海难后，在避难港卸货、存仓运送货物所产生的特别费用；

(7)共同海损的牺牲、分摊和救助费用；

(8)运输契约订有“船舶互撞责任”条款，根据该条款规定应由货主偿还船主的损失。

13. (1)被保险人的故意行为或过失所造成的损失;

(2)属于发货人责任所引起的损失;

(3)在保险责任开始前,被保险货物已存在的品质不良或数量短差所造成的损失;

(4)被保险货物的自然耗损、本质缺陷、特性以及市价跌落、运输延迟所引起的损失或费用;

(5)属于战争险条款和罢工险条款规定的保险责任和除外责任的货损。

14. 重合同、守信用原则,主动、迅速原则,先赔偿、后追偿原则,赔偿适当原则。

15. (1)《海牙规则》规定,承运人对每件货物的损害赔偿的最高责任限制为 100 英镑;

(2)《维斯比规则》规定,承运人对每件货物的赔偿限额为 10 000 金法郎或 666.67 特别提款权;每千克(毛重)货物赔款限额为 30 金法郎或 2 特别提款权,以高者为准;

(3)《汉堡规则》对承运人的赔偿责任限额比《维斯比规则》提高了约 25%,每件或每装运单位为 835 特别提款权或每千克 2.5 特别提款权,以高者为准。

16. (1)静态海上危机与动态海上危机;

(2)纯粹海上危机与投机海上危机;

(3)海上财产危机、海上人身危机、海上责任危机;

(4)海上自然危机、海上社会危机、海上政治危机。

17. (1)利用海洋生物的体液:①生鱼的眼球里有相当多的水分;②鱼的脊骨不仅含有可饮的髓液,且含有大量蛋白质;③将捉到的鲜鱼切成块,放在干净的破布中拧绞出体液,放入容器;④海龟的血也是一种很好的代用饮水。

(2)海水淡化:①物理方法:用太阳能蒸馏器来取制淡水,工具结构简单,效果较好,但是容易受到气候的影响;②化学方法:组合式交换法,离子交换法,421 型海水淡化器等。化学方法虽然不受气候影响,但是成本高,主要配备在飞机上。

(3)极地冰块:如在极地航行,可使用海中陈旧的冰块作水,这种冰块呈蓝色,呈扁圆形,易破裂,较易辨认。

18.(1)船员素质低、安全思想教育不重视；

(2)应急演练存在走过场、应付检查的现象；

(3)没有按规定编制应变部署表和应变任务卡；

(4)应急设备和器材配备不足。

19.(1)按照救生艇筏内配备的定额口粮食用，可以减少额外水分的需要；

(2)及时服用晕船药片，防止晕船呕吐；

(3)平静休息，避免不必要的运动；

(4)热带地区，白昼太热可将所穿衣服弄湿，但是夜晚前应晒干，或将衣扣解开使身体露于微风中；

(5)用海锚调整通风口的方向，保持良好的通风，以防出汗；

(6)天热时应保持艇筏外部及遮棚的潮湿，同时应架设遮棚，避免太阳直射；

(7)阳光下应尽可能多坐少躺，以减少身体受阳光照射面积；

(8)不可游泳，因游泳容易消耗体力而口渴；

(9)救生筏内应将筏底放气，使海水冷却筏底以减低筏内的温度；

(10)对伤病员止血并治疗外伤或烧伤。

20.①查明火情；②控制火势；③组织救援；④现场检查清理。

21.特别重大人身伤亡；巨大经济损失；性质特别严重；产生重大影响(《特别重大事故调查程序暂行规定》第 2 条)。

22.(1)请求人是海事请求的当事人；

(2)请求保全的证据对该海事请求具有证明作用；

(3)被请求人是与请求保全的证据有关的人；

(4)情况紧急，不立即采取证据保全就会使该海事请求的证据灭失或者难以取得(《中华人民共和国海事诉讼特别程序法》)。

23.(1)因沿海港口作业纠纷提起的诉讼，由港口所在地海事法院管辖；

(2)因船舶排放、泄漏、倾倒油类或者其他有害物质，海上生产、作业或者拆船、修船作业造成海域污染损害提起的诉讼，由污染发生地、损害结果地或者采取 预防污染措施地海事法院管辖；

(3)因在中华人民共和国领域和有管辖权的海域履行的海洋勘探开发合同纠纷提起的诉讼，由合同履行地海事法院管辖(《中华人民共和国海事诉讼特别程序法》)。

24. ①和解;②调解;③诉讼;④仲裁(《中华人民共和国海上交通安全法》第 46 条)。

25. ①出事时间;②地点;③受损情况;④救助要求;⑤发生事故的原因(《中华人民共和国海上交通安全法》第 34 条)。

26. ①航行计划;②船位报告;③最后报告(《1979 年国际海上搜寻救助公约》附则 5.3.1 款)。

27. (1)以应有的谨慎进行救助;

(2)以应有的谨慎防止或者减少环境污染损害;

(3)在合理需要的情况下,寻求其他救助方援助;

(4)当被救助方合理地要求其他救助方参与救助作业时,接受此种要求,但是要求不合理,原救助方的救助报酬金额不受影响(《中华人民共和国海商法》第一百七十七条)。

28. (1)与救助方通力合作;

(2)以应有的谨慎防止或者减少环境污染损害;

(3)当获救的船舶或者其他财产已经被送至安全地点时,及时接受救助方提出的合理的移交要求(《中华人民共和国海商法》第一百七十八条)。

29. ①海事声明、延伸海事声明;②海事报告;③与船舶有关的其他海事文书(《船舶海事签证办法》第四条)。

30. ①船舶损害;②货物损害;③船舶灭失;④货物灭失(《船舶海事签证办法》第五条)。

31. (1)减少从与船舶失去联系时至在未收到任何遇险信号的情况下开始搜救行动之间的间隔;

(2)能迅速查明可能被要求提供援助的船舶;

(3)在遇险人员、船舶或其他航行器的位置不知或不明时,能划出一定范围的搜寻区域;

(4)便利提供紧急医疗援助或咨询(《1979 年国际海上搜寻救助公约》附则 5.1.3 款)。

32. 船舶、航空器、人员、设备(《1979 年国际海上搜寻救助公约》附则 3.1.7款)。

33. (1)船舶、设施的概况和主要性能数据;

(2)船舶、设施所有人或经营人的名称和地址；

(3)事故发生的时间、地点；

(4)事故发生时的气象和海况；

(5)事故发生的详细经过；

(6)损害情况；

(7)船舶、设施沉没的，其沉没概位；

(8)与事故有关的其他情况(《中华人民共和国海上交通事故调查处理条例》第七条)。

34. (1)提供能确定参与船舶的当时和以后位置的信息，包括航行计划和船位报告；

(2)保持船舶航行的标绘；

(3)接收参与船舶定期的报告；

(4)系统的设计和运作应简单；

(5)使用国际议定的标准船舶报告格式和报告程序(《1979 年国际海上搜寻救助公约》附则 5.2.1 款)。

35. (1)当事人的姓名或名称、住所；

(2)法定代表人或代理人的姓名及职务；

(3)纠纷的主要事实；

(4)当事人的责任；

(5)协议的内容；

(6)调解费的承担；

(7)调解协议履行的期限(《中华人民共和国海上交通事故调查处理条例》第二十三条)。

36. ①船舶所有人；②承租人；③经营人；④救助人；⑤保险人(《中华人民共和国海事诉讼特别程序法》)。

37. (1)紧急阶段分为不明阶段、告警阶段、遇险阶段；

(2)不明阶段：A. 收到人员失踪的报告，或船舶或其他航行器未能如期抵达时；B. 人员、船舶或其他航行器未作出预期的船位或安全报告时；

(3)告警阶段：A. 继不明阶段之后与人员、船舶或其他航行器建立联络的尝试失败，并且向其他有关方面的查询不成功时；B. 收到的信息表明船舶或其他航行器的运行效率受到损害但尚未达到可能处于遇险状况的程度时；

(4)遇险阶段：A. 收到人员、船舶或其他航行器处于危险状况并需要立即援助的确切信息时；B. 继告警阶段后与人员、船舶或其他航行器建立联络的进一步尝试失败和进行更广泛查询不成功表明有遇险情况的可能性时；C. 收到的信息表明船舶或其他航行器的运行效率受到损害并达到可能处于遇险状况的程度时(《1979 年国际海上搜寻救助公约》附则 4.4 款)。

38. ①碰撞；②触碰或浪损；③触礁或搁浅；④火灾或爆炸；⑤沉没；⑥主机损坏；⑦人身伤亡(《中华人民共和国海上交通事故调查处理条例》)。

39. ①法律框架；②指定负责当局；③组织现有资源；④通信设施；⑤协调和操作职能；⑥改进服务的方法，包括规划、国内和国际间的合作关系和培训(《1979 年国际海上搜寻救助公约》附则 2.1.2 款)。

40. 当船舶在海上发生海难，船长决定弃船时，船上人员利用船上救生设备，运用海上求生的知识和技能，克服海上的困难和危险，延长遇险人员生存的时间直至脱险获救，称为海上求生。

41. 对于落水者，首先是溺水，其次是暴露、晕浪，缺乏淡水、食品，船位和救生艇、筏的位置不明。

42. 跳水前要穿好救生衣，尽量避免从高处入水，最好不超过 5 米，跳水前要先察看水面，确认无落水者，无障碍物，尽可能选择在上风处，远离船舶的破损缺口处跳水。

43. 出现痉挛(抽筋)现象落水者千万不要慌张，改变原来的游泳姿势，深吸一口气，将头向前弯入水中，四肢放松下垂，慢慢用力按摩痉挛部位。另外，还可以在水中尽力拉伸痉挛部位，从而得到缓解。

44. (1)盲目游泳逃离，鲨鱼游泳速度快，求生者无法逃脱，反而增大麻烦；

(2)主动攻击，鲨鱼生性好斗，疼痛感不灵敏，主动攻击、鲨鱼受伤反而增大了好斗性，流血又会吸引到更多的鲨鱼到来。

第十三章　论述题

第一节　论述题题目

1. 人类与海洋之间有什么关系？
2. 人类的航海历程大致有哪几步？
3. 人类航海技术是怎样发展的？
4. 我们应该怎样应对海洋污染问题？
5. 试述《汉堡规则》的主要内容。
6. 试述海上运输货物保险的平安险、水渍险及一切险在承保范围上的差别。
7. 某货物从天津新港驶往新加坡，在航行途中船舶货舱起火，大火蔓延到机舱，船长为了船、货的共同安全，决定采取紧急措施，往舱中灌水灭火，火虽然扑灭，但由于主机受损，无法继续航行，于是船长决定雇佣拖轮将船拖回新港修理。检修后重新驶往新加坡。事后调查，这次事件造成的损失有：①1 000箱货被火烧毁；②600 箱货由于灌水灭火受到损失；③主机和部分甲板被烧毁；④拖船费用及额外增加的燃料和船长、船员工资。问：从损失性质来看，上述损失各属于什么海损？为什么？
8. 为什么强调落水者在水中要保持“HELP”姿势？
9. 在有油火的海面落水者如何采取救生措施？
10. 鲨鱼袭击人的活动规律有哪些？
11. 在水中求生人员如何防止鲨鱼的攻击？

12. 发生火灾拨通“119”后，应向“119”台报告哪些情况？
13. 火灾现场总指挥根据扑救火灾的需要，有权决定哪些事项？
14. 什么是“仓至仓”条款？它具体包含哪些内容？
15. 有批玻璃制品出口，由甲乙两轮分别载运，货主投保了平安险，不料甲轮在航行途中与他船发生碰撞事故，玻璃制品因而发生了部分损失，而乙轮却在途中遇到恶劣气候，在暴风雨的袭击下，船身激烈颠簸，玻璃制品相互碰撞而发生了部分损失。事后，货主向保险人提出索赔，那么保险人应如何处理呢？
16. 从风险划分、手续办理和费用支付上比较 FOB、CFR 和 CIF 的异同。
17. 一艘海轮满载各类货物离开天津港驶向南美某地，航行途中，不料海轮遇到海啸，激烈的颠簸使停放在舱面的汽车有半数被颠入大海，海轮因此而发生严重倾斜。为使船身平衡，减轻负荷，免遭倾覆的厄运，船长下令将舱面剩下的汽车全部抛入海中。问上述哪些货损属于单独海损，哪些属于共同海损？为什么？
18. 试述船舶的法律性质对船舶保险的影响。
19. 试述国际上广泛使用的三种租船方式。
20. 试述“无效果、无报酬原则”。
21. 北京某外贸公司按 CFR 马尼拉价格出口一批仪器，投保的险别为一切险条款。我方将货物用卡车由北京运到天津港发货，但在运输中，一辆货车翻车，致使车上所载部分仪表损坏。问对该损失应由哪方负责，保险公司是否应给予赔偿？
22. 试述《海牙规则》的主要内容。
23. 简要介绍紧急阶段分为哪几个阶段，如何区分各个阶段。
24. 我某公司与荷兰进口商签订一份皮手套合同，价格条件为 CIF 鹿特丹，向中国某保险公司投保一切险。手套用牛皮纸包装后装入纸箱，再装入 20 英尺集装箱，货到鹿特丹后，检验结果表明：全部货物湿、霉、玷污、变色，损失达 10 万美元。据分析，该批货物经过的出口地、进口地及运输途中却未遇异常气候，运输也完全属正常运输。试问：保险公司对该批货损是否负责赔偿？为什么？

第二节　论述题答案

1. 建立人与海洋的和谐关系。海洋是地球之母,没有海洋就没有生物,没有我们人类,我们应该珍惜海洋,爱护海洋,而且更要依靠海洋去发展。作为一座蓝色的宝库,海洋很早就引起了有识之士的关注,早在 2 500 年前,古希腊海洋学家狄米斯托克利就预言:“谁控制了海洋,谁就控制了一切。”我们不能不佩服这位先贤的远见卓识。浩瀚的海洋约占地球面积的 71%,分布于地表的巨大盆地中,储藏着地球 97.5%的总水量,栖息着 20 多万种生物,蕴藏着全球 80%的蛋白质和 75%的石油天然气,不但过去可“兴渔盐之利,通舟楫之便”,是人类文明的摇篮,而且目前正日益成为世界经济的大舞台,成为国际竞争的“新高地”,成为全球经济增长的最大空间。

一种文明如果是为了获得无穷欲望的满足,而毫无顾忌地掠夺和征服自然,那么环境污染与生态危机就不可避免,发展的健康性和持续性就失去了根基。保护生态环境是经济能够得到进一步发展的前提,也是人类文明得以延续的保证。科学发展观要求处理好发展与环境保护的关系,统筹兼顾,促进人与自然的和谐关系。发展是第一要务,但必须是全面的、协调的和可持续发展的。海洋资源开发必须与环境保护协调发展,只有这样,才能提高资源利用率,减少环境损害,海洋经济才能走上可持续发展之路,构建人与海洋和谐关系是生态文明建设。

2. 航海是人类在海上航行,跨越海洋,由一方陆地去到另一方陆地的活动。在从前是一种冒险行为,因为人类的地理知识有限,彼岸是不可知的世界。人类在新石器时代晚期就已有航海活动。当时中国制造的一些物品在大洋洲,以至厄瓜多尔等地均有发现。公元前 4 世纪希腊航海家皮忒阿斯就驾驶舟船从今马赛出发,由海上到达易北河口,成为西方最早的海上远航。公元前 490 年,在波斯与希腊的海战中,希腊就曾以上百英尺长的战舰参战。中国汉代已远航至印度,把当时罗马帝国与中国联系起来。唐代为扩大海外贸易,开辟了海上丝绸之路,船舶远航到亚丁湾附近。

3. 先秦时期的航海技术已有一定的基础,人们对海洋的认识逐渐深刻,对洋流、风力、潮汐和海上天文、气象知识有一定的认识,利用太阳和北极星为海上导航标志,并发明了海上测天体高度的仪器。秦汉时期造船业发达,

已能利用季风航行，天文和地理导航技术进一步提高，并能对潮汐现象做出科学合理的解释，航海技术的进步，使中国步入了世界先进航海国家的行列。魏晋南北朝时期航海技术有所进步，还表现在人们对航行所经海区的海岸地形有了初步了解，如对今南海的珊瑚已有所认识，同时天文导航技术也已采用。隋唐五代时期航海技术趋于成熟，人们已能熟练运用季风航行，天文、地理导航水平都有明显提高，对潮汐也能进一步正确解释。两宋时期航海技术的提高，最突出的是指南针的广泛应用。元代指南针的应用更为普遍，也更为精确，已成为海航必备的航海工具。明朝的航海技术主要表现在于对海洋综合知识的运用以及航行技术方面有较大的提高与进步。清朝前中期的航海技术虽然没有很大创新，但是对于海洋地理的重要性还是具有充分的认识与总结。

4. (1)制定相应的海洋环境保护法律和法规，约束和规范海洋开发者行为；

(2)加强污染控制，禁止向海洋倾倒有害废弃物；

(3)加快沿海城市污水处理厂建设，对生活污水和工业废水进行综合处理；

(4)达标排放建立海洋自然保护区，对特定区域进行环境保护；

(5)加强环境保护宣传力度、提高公众的海洋环境保护意识；

(6)海洋资源的合理开发与永续利用；

(7)建立合理的海洋生物资源开发体系和良性循环的海洋生态系统，是海洋资源与环境可持续发展的重大问题，是保障人类生存的重要条件。海洋资源的不合理开发将对海洋环境和生态系统产生严重影响。

5. (1)改变了承运人应负货损责任的基础，推行“完全过失责任制”；

(2)延长了承运人的责任期限，扩展至“港至港” 原则，提高了承运人的赔偿限额：明确了承运人对货损负责赔偿的单位即“每件每单位”中的单位是“装运单位”；正式规定改用国际货币基金组织的 SDR 作为结算单位，来确定承运人的赔偿限额；将承运人的赔偿限额提高了 25%左右；

(3)延长了货损通知期限和诉讼时效；

(4)进一步扩大了公约的适用范围。

6. 平安险承保的责任范围是：①自然灾害造成的全损；②意外事故造成的全损或部分损失；③在意外事故发生前后，自然灾害造成的部分损失；

④落海损失;⑤施救费用;⑥避难港损失和费用;⑦共同海损牺牲、分摊或救助费用;⑧货方根据运输合同条款偿还船方的损失。

水渍险的承保范围为平安险所承保的8项责任加上自然灾害造成的部分损失;一切险的承保范围为水渍险所承保的9项责任加上外来风险造成的全部或部分损失。

7. (1)1 000箱货被火烧毁,是由货舱起火这一意外事故直接造成的,属于单独海损;

(2)600箱货由于灌水灭火受到损失,因货舱起火,大火蔓延到机舱,若不扑灭,势必威胁到船、货的共同安全。这是有意识的人为的采取措施而造成的,属于共同海损;

(3)主机和部分甲板被烧毁,是由火灾造成的,属于单独海损;

(4)拖船费用及额外增加的燃料和船长、船员工资,其起因是由于为解除船、货面临的共同危险而产生的,属于共同海损。

8. "HELP"姿势(Heat Escape Lessening Posture减少热量散失的姿势)是将两腿弯曲,尽量收拢于小腹下,两肘紧贴身旁夹紧,两臂交叉抱紧在救生衣胸前,仅有头部露出水面。可最大限度地减少身体表面暴露在冷水中,放慢了体热散失速度;能使头部、颈部尽量露出水面,以保持视野和避免伤害。

9. 在有油火的海面,求生者应将救生衣脱掉,并系在腰上,深吸一口气在水面下,向上风方向潜游。若需要换气时,应用手探出水面,向周围大面积地进行拨水动作,将水面油火拨开后,面朝下风换气,作深呼吸后立即继续向上风方向潜游,游离油火海面后,再出水,将救生衣穿好。在自救过程中,采取一切措施避免油火进入人体的各个器官内,防止人体受到损伤。

10. (1)全世界几乎所有海域中都有鲨鱼,特别是在南纬30度～北纬30度之间的热带和亚热带水域更常见;

(2)在一年中鲨鱼袭击水中人员的事故多发生在夏季;

(3)在一天中多发生在中午前后,特别是下午3～4点之间更为常见;

(4)在水温低于22摄氏度的水域中还未发现鲨鱼袭击人的事件;

(5)鲨鱼袭击人的事件与水的深浅无关。

11. (1)入水前,应尽可能穿暗色衣服,戴好手套、袜子,摘下手表、项链等发光发亮物件;

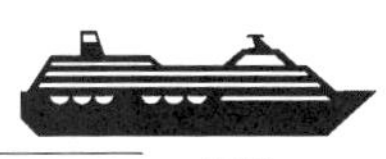

(2)在水中待救防止身体受伤流血，有了伤口应尽快包扎，减少流血，并尽快离开流血现场，在水中尽量减少运动，减少汗味的挥发；

(3)发现鲨鱼临近，不要盲目游泳逃离；

(4)可采用猛力拍击水面等办法给鲨鱼造成强刺激，迫使其离开；

(5)如果水面有漂浮的油层，可以将自己置于油区待救；

(6)适时施放驱鲨剂。

12.(1)火警电话打通后，应讲清楚着火单位，所在区县、街道、门牌号码等详细地址；

(2)要讲清什么东西着火，火势情况；

(3)要讲清是平房还是楼房，最好能讲清起火部位、燃烧物质和燃烧情况；

(4)报警人要讲清自己的姓名、所在单位和电话号码；

(5)报警后要派专人在路口等候消防车的到来，指引消防车去火场的道路，以便迅速、准确到达起火地点。发现火警应及时报警，这是每个公民的责任。

13.(1)使用各种水源；

(2)截断电力、可燃气体和可燃液体的输送，限制用火用电；

(3)划定警戒区，实行局部交通管制；

(4)利用临近建筑物和有关设施；

(5)为了抢救人员和重要物资，防止火势蔓延，拆除或者破损毗邻火灾现场的建筑物、构筑物或者设施等；

(6)调动供水、供电、供气、通信、医疗救护、交通运输、环境保护等有关单位协助灭火救援。

14."仓至仓"指保险人对货物承担的保险责任从起运地发货人仓库开始到目的地收货人仓库为止。

(1)货物运抵目的港、卸离船舶以后，由于各种原因，被保险人没有立即提货，保险人对货物承担的责任最长以不超过60天为限；

(2)货物运抵目的港、卸离船舶后，若被保险人在提货时把货物分派、分配、分散转运，保险人责任从开始分派、分配时即告终止；

(3)货物运抵目的港、卸离船舶后，若被保险人提货后把货物全部运往收货人仓库，运输途中，对货物进行分配、分派、分散转运，尽管有一部分货物运往收货人仓库，保险人责任从开始分配时全部终止；

(4)货物运抵目的港、卸离船舶，被保险人提货后运往收货人仓库，但期限不能超过货物卸离船舶后的60天。

15. 第一种情况，造成玻璃制品部分损失的原因是意外事故(碰撞)，由意外事故造成的货物的部分损失，属平安险的承保责任范围，保险人应当赔偿；第二种情况，造成玻璃制品部分损失的原因是暴风雨袭击，属于自然灾害，自然灾害导致的部分损失不在平安险的承保责任范围内，保险人无须承担赔偿责任。

16.

贸易术语	风险	两项主要手续		相关费用	
	何方承担货物装船后的风险	何方办理保险	何方办理租船或订舱	何方支付保险费	何方支付至目的港运费
FOB	买方 (0.5分)	买方 (1分)	买方 (0.5分)	买方 (0.5分)	买方 (1分)
CFR	买方 (0.5分)	买方 (1分)	卖方 (0.5分)	买方 (0.5分)	卖方 (1分)
CIF	买方 (0.5分)	卖方 (1分)	卖方 (0.5分)	卖方 (0.5分)	卖方 (0.5分)

17. 被颠入海里的汽车损失属于单独海损，因为它是由于意外事故造成的损失。对船长下令将舱面剩下的汽车抛入大海所引起的损失是共同海损，因为不仅确实存在风险，而且危及船舶及货物的共同安全，船长为了解除船货面临的共同危险采取抛弃措施，由此做出的特殊牺牲是保护了船方和其他货主的共同利益。

18. 第一，船舶是一个以船壳和船机为核心，包括船舶属具在内的合成物，船舶在法律上的这一特性对船舶保险人来说，其意义是明确了他所承保船舶的范围。并且船舶的这个特性对确定救助费用的支付和共同海损的分摊等也都具有很重要的意义；第二，船舶是动产，但在法律上习惯被视作不动产。正是这一特性使得被保险船舶在保险期内一旦出售或发生转让时，除非经保险人同意并做出修改，船舶保险单地效力就此终止；第三，船舶是物不是人，但是在法律上常常把它拟人处理。这一法律性质使得船舶本身在诉讼中可以作为被告而被原告起诉，以船舶为被告的对物诉讼，是英美法系海商法中特有的一种诉讼制度。当然,对物诉讼事实上只是一种变相的对人诉讼,其作用主要还是迫使船舶所有人出面应诉。船舶保险人在代为审理被保险船舶带有民事侵权行为的海事案件中,必须掌握这一法律性质,以免陷于被动。

19. 一是定程租船,是承租人按航次租赁船舶以装运约定的货物,并向船舶出租人支付运费的租船方式;二是定期租船,是承租人按一定期限租赁船舶,在租赁期内按租船合同规定的条件和航行区域自行调度及安排船舶的营运,并按期向船舶出租人支付租金的租船方式;三是光船租船,是承租人向船舶出租人租赁光船,在合同规定的期限内,由承租人自己配备船员及给养,在约定的航行区域内独立营运,并按期预付租金给船舶出租人的租船方式。

20. 无效果无报酬原则是指,由遇难船舶的船 长或救助人在救助行动结束后,根据救助取得效果的大小,通过协商或仲裁来确定救助报酬金额。确定救助报酬应遵循一个重要原则,那就是救助报酬不得超过获救财产的价值,如果救助未取得成效,被救助人便无须向救助人支付报酬。救助人为了保证自己在对被救助人实施救助并取得成效以后获得报酬,有权要求被救助人实施救助并取得成效后获得报酬,有权要求被救助人提供担保;在后者不能提供担保的情况下,救助人对获救的财产享有留置权。

21. 损失应由卖方负责:根据 CFR 价格条件,卖方承担装船前的一切风险和费用。保险公司应该给予赔偿。保险公司的责任是“仓至仓”,责任开始于从发运地发货人的仓库起运。且是因意外事故造成的货物的部分损失,保险公司当然要承担赔偿责任。

22. 主要内容包括以下:

(1)规定承运人责任:两项最低限度责任,一是提供适航船舶,二是妥善的管理货物;

(2)规定了责任期间,以“钩至钩”或“舷至舷”原则来确定承运人的责任起讫;

(3)规定的承运人免责:采用不完全过失责任制;规定了承运人可以享受的 17 项具体的免责事项;

(4)规定承运人的责任限制:赔偿责任限制;赔偿时效的限制。

23. 紧急阶段分为不明阶段、告警阶段、遇险阶段。

(1)不明阶段:当收到人员失踪的报告,或船舶或其他航行器未能如期抵达时;当人员、船舶或其他航行器未作出预期的船位或安全报告时。

(2)告警阶段:当继不明阶段之后与人员、船舶或其他航行器建立联络的尝试失败,并且向其他有关方面的查询不成功时;当收到的信息表明船舶或其他航行器的运行效率受到损害但尚未达到可能处于遇险状况的程度时。

(3)遇险阶段:当收到人员、船舶或其他航行器处于危险状况并需立即援助的确切信息时;当继告警阶段后与人员、船舶或其他航行器建立联络的进一步尝试失败和进行更广泛查询不成功表明有遇险情况的可能性时;当收到的信息表明船舶或其他航行器的运行效率受到损害并达到可能处于遇险状况的程度时。

24. 保险公司不应对这批货物的损失负责赔偿。因为从案例可以看出,在整个运输过程中,气候及运输都属正常,没有外在的原因导致货损,因为货物本身的质量存在问题,所以才会导致损失的发生。这种损失属于原残,保险人不负责。